# NOUVEAUX PRINCIPES

DE

# GRAMMAIRE FRANÇAISE.

Besançon, imprimerie d'Outh. Chalandre fils.

# NOUVEAUX PRINCIPES

## DE

# GRAMMAIRE FRANÇAISE,

RÉDIGÉS D'APRÈS

## LES ÉLÉMENTS DE GRAMMAIRE GÉNÉRALE

DU MÊME AUTEUR,

À L'USAGE

DES COLLÉGES, DES INSTITUTIONS ET DES ÉCOLES PRIMAIRES,

PAR M. F. PERRON,

PROFESSEUR A LA FACULTÉ DES LETTRES,

SECRÉTAIRE PERPÉTUEL DE L'ACADÉMIE DE BESANÇON.



## PARIS,

CHEZ LES ÉDITEURS

DIDOT, RUE DE L'UNIVERSITÉ.
CHAMEROT, RUE DU JARDINET.
LECOFFRE, RUE DU VIEUX COLOMBIER.

## BESANÇON,

OUTHENIN CHALANDRE FILS.

1848.

# PRÉFACE.

Pourquoi une nouvelle Grammaire française après tant d'autres?

Parce que, malgré la quantité de nos grammaires et les qualités incontestables de quelques-unes, il reste encore des perfectionnements à introduire et même de sérieuses réformes à faire dans l'enseignement élémentaire de notre langue.

En publiant cet Ouvrage, je n'ai fait que céder aux instances de plusieurs professeurs et instituteurs qui, après avoir lu mes *Eléments de Grammaire générale*, ont pensé qu'une Grammaire française, rédigée sur les mêmes principes, d'après la même méthode et avec la même clarté, serait utile à l'instruction de la jeunesse.

J'ai essayé de diviser et d'enchaîner les parties de la Grammaire plus logiquement qu'on ne l'a fait jusqu'ici;

D'établir dans les mots une classification plus exacte, plus simple, plus facile à retenir;

De donner des définitions plus justes et plus claires;

De simplifier les difficultés et d'en trouver la véritable clef;

De dire plus de choses en moins de termes; d'être moins incomplet, tout en étant plus court;

Enfin de faire du *nouveau,* non dans les mots, ce qui est facile et commun, mais dans les choses, ce qui est plus difficile et plus rare.

J'ai cherché à mettre à profit tout ce que j'ai trouvé de bon et de vrai dans les ouvrages précédents. Quelques-uns m'ont été fort utiles, surtout pour la syntaxe; si je ne les signale pas, c'est que le public les connaît et sait les apprécier.

Je ne me dissimule point les imperfections de mon travail; il y a des fautes d'impression, il y en a d'inadvertance, il y en a surtout d'impuissance à faire mieux. Ceux qui connaissent les difficultés d'un traité sérieux de Grammaire française sauront être indulgents.

# ERRATA.

Page 8, dernier alinéa, au lieu de : *entre deux voyelles il a le son du* z, lisez : *entre deux voyelles le* s *simple a le son du* z.

A la fin du même alinéa, après *présupposition,* ajoutez, *etc.*

Page 9, ligne 11, après *prépositions,* ajoutez : *et des adverbes.*

Page 12, ligne 17, après *à la fin des mots,* ajoutez : *on ne les prononce, ainsi que les autres consonnes, que quand elles sont suivies d'un mot commençant par un* h *muet ou une voyelle avec laquelle elles s'unissent, comme dans :* grands hommes, temps affreux, *qu'on prononce* grand-shommes, temp-saffreux.

Page 34, lignes 13 et 14; effacez, dans les exemples cités, *un grand'père, des grand'pères.*

Page 35, lignes 6, effacez le s à la fin de *coupe-gorges.*

Page 54, ligne 21, au lieu de *précédemment exprimés,* lisez : *exprimés ou sous-entendus.*

Page 58, à l'avant-dernière ligne, au lieu de : *vous entriez,* lisez : *vous êtes entré,* et faites la même correction à la 1^re ligne de la page suivante.

Page 63, titre du § 2, après *terminaisons,* ajoutez : *des verbes.*

Page 91, ligne 25, après *instruire,* ajoutez : *dont le participe passé est* instruit.

Page 94, ligne 19, au lieu d'*interrogatoire,* lisez : *interrogative.*

Page 103, Chap. XXXIII. au lieu du titre *Déterminatifs démonstratifs et possessifs,* lisez : *§ 1. Déterminatifs possessifs,* et placez à la page suivante 104, après la ligne 8, le titre de : *§ 2. Déterminatifs démonstratifs.*

Page 104, ligne 19, au lieu de *consonne,* lisez : *voyelle.*

A la fin de la page 114, au lieu de *le nôtre*, etc., lise
       *le ou la nôtre.*
       *le ou la vôtre.*
       *le ou la leur.*

Page 116, ligne 20, après *personne, aucun, nul,* aj
tez : *trois mots.*

Page 119, ligne 8, au lieu de *allez,* lisez *assez.*

Id. ligne 14, effacez *pire.*

Page 127, ligne 5, au lieu de *ha, ha,* lisez *ah!*

Id. ligne 9, au lieu de *ah!* lisez *ha!*

Page 132, § 2, la ligne qui suit doit être en cara
tères ordinaires; c'est une proposition et non un ti
de §.

Page 157, ligne 22, au lieu de : *tout autre mot qu'*
*adjectif,* lisez : *d'un autre mot que l'adjectif.*

Pages 159 et 160, les deux chapitres sont marqu
XIV, le second sera le chapitre XIV *bis.*

Page 165, ligne 6, mettez *belles* au singulier.

Page 175, ligne 8, au lieu de : *des noms précéden*
lisez : *les noms précédents.*

Page 206, § 5, lisez le titre ainsi : *participe pass*
*précédé d'un pronom.*

Même page, dans l'avant dernier alinéa, au lieu
*remplaçant le nom précédent, fruits ou gloire,* lisez : *rem*
*plaçant les noms précédents, fruits, gloire.*

Page 215, ligne 5, au lieu de : *Est-il arrivé plus tô*
lisez : *Il est arrivé plus tôt qu'on ne pensait.*

Page 263, le titre en tête de la page et qui est ain
conçu : *C'est à tort qu'on se sert des mots suivants,* do
être placé au milieu de la page, au-dessous du § 2,
remplacé par : *c'est à tort que l'on dit.*

Même page 263. ligne 25, 2ᵉ colonne, au mot *mou*
*seux,* lisez : *mousseux* veut dire *qui mousse,* et *mouss*
signifie *couvert de mousse.*

# NOUVEAUX PRINCIPES

DE

# GRAMMAIRE FRANÇAISE.

## CHAPITRE PRÉLIMINAIRE.

### Définition et division de la Grammaire.

La grammaire en général est la science des éléments et des règles qui appartiennent à toutes les langues.

La grammaire française est la science des éléments et des règles de la langue française.

Toute grammaire a deux parties ; l'une traite des *éléments* dont la langue se compose, l'autre des *règles* qu'il faut suivre pour bien employer ces éléments.

La 1ʳᵉ se nomme *partie analytique* ou *analyse*, parce qu'elle décompose la langue dans ses éléments pour les étudier chacun en particulier.

La 2ᵉ se nomme *partie synthétique* ou *syntaxe*, parce qu'elle réunit et met en ordre les éléments étudiés dans l'analyse.

# 1ʳᵉ PARTIE DE LA GRAMMAIRE

OU

# PARTIE ANALYTIQUE.

## CHAPITRE PREMIER.

### Des Éléments généraux de la langue.

Les éléments de toute langue sont les *mots*.

Les mots sont les signes des idées que nous avons

des choses. *Dieu*, *homme*, *vertu*, sont les signes des idées que nous avons de la vertu, de l'homme et de Dieu.

Les mots sont de différentes espèces, et chacun d'eux est composé d'éléments distincts.

La grammaire analytique considère les mots 1° dans les éléments qui les composent, 2° dans leurs différentes espèces.

Les mots se composent de *sons* et de *lettres*; ils sont parlés et écrits.

## CHAPITRE II.

### Des mots parlés ou des sons.

Les mots parlés sont formés par la voix humaine; ils se composent de sons proférés et articulés par l'organe vocal.

Il y a deux sortes de sons : les sons *fondamentaux* et les sons *modificateurs*.

Les sons fondamentaux consistent dans la voix même, proférée par la simple ouverture de la bouche : comme *a*, *o*, *u*.

On les appelle *fondamentaux*, parce qu'ils sont la base du langage parlé.

Les sons modificateurs consistent dans les modifications de la voix; ils sont produits par différents mouvements du gosier, de la langue, des dents, ou des lèvres : comme *b*, *c*, *d*, *f*.

On les appelle *modificateurs*, parce qu'ils ne sont que les modifications des sons fondamentaux.

Quand on prononce *ba*, *ca*, *da*, *fa*, les sons *b*, *c*, *d*, *f* modifient le son *a* chacun d'une manière différente.

La langue française a *treize* sons fondamentaux, e

*dix-sept* sons modificateurs, en tout *trente sons*, qui se représentent par des lettres.

---

# CHAPITRE III.

## § 1.

### Des mots écrits ou des lettres.

On appelle *lettres* ou *caractères* les signes qui représentent aux yeux les sons des mots parlés.

La langue française n'a pas autant de lettres que de sons.

Nous avons seulement *vingt-cinq* lettres, que notre alphabet et nos dictionnaires rangent dans l'ordre suivant :

*a, b, c, d, e, f, g, h, i, j, k, l, m, n, o, p, q, r, s, t, u, v, x, y, z.*

Ces lettres même ne représentent pas chacune un son différent.

L'*h* ne correspond à aucun son.

D'autres lettres font double emploi, comme l'*y* et l'*i* qui représentent le même son.

Il en est de même des lettres *k* et *q*.

*c* a le son du *k* ou du *s*.

*x* est une lettre double qui équivaut tantôt à *g z*, tantôt à *k s*.

Ainsi la langue française n'a réellement que vingt lettres représentant chacune un son particulier.

Pour représenter les dix sons qui n'ont point de caractères propres, on réunit deux des lettres précédentes, comme *an, on, ou, in,* ou bien on multiplie l'une des lettres de l'alphabet, l'*e*, en la marquant d'un petit signe qui s'appelle *accent* (´) (`) *é è*.

Les lettres sont de deux sortes : les *voyelles* qui représentent les sons fondamentaux, et les *consonnes* qui représentent les sons modificateurs.

## § 2.

### Des Voyelles.

La langue française compte treize voyelles qui représentent les treize sons fondamentaux ; ce sont : *a, e, è, é, i, o, u, eu, ou, an, in, on, un.*

Elles se divisent en *simples* et *composées.*

Les voyelles simples sont *pures* ou *accentuées.*

Il y a cinq voyelles pures : *a, e, i, o, u.*

Les voyelles accentuées sont au nombre de deux *è, é.*

Il y a par conséquent *trois sortes d'e* ; l'e pur qu'on appelle *muet,* parce que le son en est à peine sensible ; comme dans *me, te, se.*

L'è marqué d'un accent *grave,* qu'on appelle *è ouvert,* parce qu'il faut ouvrir la bouche pour en prononcer le son ; comme dans *père, frère.*

Et l'é marqué d'un accent *aigu,* qui s'appelle *é fermé,* parce qu'on le prononce la bouche presque fermée ; comme dans *bonté, café.*

Ces *trois e* se trouvent réunis dans le mot *sévère.*

Nous avons six voyelles composées :

Les deux voyelles doubles *eu, ou,* formées de deux voyelles simples réunies ;

Et les quatre voyelles *an, in, on, un,* formées d'une voyelle simple unie à la consonne *n.*

On appelle ces dernières *voyelles nasales,* parce qu'elles se prononcent du nez.

Le signe œ peut s'appeler *voyelle contracte.* Il équivaut :

A *e* quand il est suivi d'un *u* ; comme dans *cœur, œuvre.*

A *eu* dans le mot *œil* et ses composés ; comme *œillade*, *œillet*, qu'on prononce *euillade*, *euillet*.

A *é* dans tous les autres mots, comme *Œdipe*, *etc.*

Les voyelles simples *a, e, i, o, u* peuvent être longues ou brèves.

Elles sont toujours longues quand elles sont surmontées de l'accent circonflexe (^).

Ainsi *a* est long dans *pâte*, *e* dans *tempête*, *i* dans *gîte*, *o* dans *hôte*, *u* dans *flûte* ; tandis que ces voyelles sont brèves dans *patte*, *trompette*, *petite*, *dévote*, *butte*.

## § 3.

### Des Consonnes.

La langue française a dix-sept consonnes pour représenter ses dix-sept sons modificateurs : *b, d, f, g, j, k, l, m, n, p, r, s, t, v, ch, gn, ill.*

Les consonnes se divisent comme les voyelles, en *simples* et *composées.*

Les consonnes simples sont : *b, d, f, g, j, k, l, m, n, p, r, s, t, v, z.*

Il faut y ajouter l'*h* et les consonnes qui font double emploi, *c* et *q.*

Elles se prononcent comme si elles étaient suivies d'un *e* muet : *be, ce, de, fe, gue, he, je, ke, le, me, ne, pe, qe, re, se, te, ve, ze.*

Il y a trois consonnes composées : *ch, gn, ill,* et une consonne double *x.*

*ch* et *gn* se prononcent comme dans les mots *Champagne, Charlemagne.*

*ill* est le signe qu'on appelle *l mouillé,* tel qu'on le prononce dans les mots : *mouillé, souillé.*

A la fin des mots, comme dans *portail, soleil, vermeil, péril,* le signe *ill* ne prend qu'un *l.*

*x* est une lettre double qui représente deux sons ;

tantôt les sons de *g z*, tantôt ceux de *k s*. *Examen*, *Xavier*, se prononcent *egzamen*, *gzavier*, tandis qu'on prononce *axe*, *excès*, comme s'il y avait *akse*, *eksès*.

Quelquefois l'*x* a le son du double *s*, comme dans *Bruxelle*, *Auxerre*, qu'on prononce *Brusselle*, *Ausserre*.

La consonne *h*, quand elle n'est pas précédée de *c*, ne représente aucun son.

Il y a deux sortes d'*h* : l'*h muet* qui ne compte pas dans la prononciation et ne sert qu'à l'orthographe ; et l'*h aspiré* qui empêche la réunion de la voyelle qui le précède avec la voyelle qui le suit, comme dans : le *héros*, *ébahi*, *enhardir*, *trahir*, qu'on prononcerait l'*héros*, *ebai*, *enardir*, *trair*, s'il n'y avait point d'*h* aspiré.

L'*h* ne représente un son que quand il est réuni à *c* pour figurer le son *ch* : comme dans *chat*, *chemin*, *chateau*.

Considérées par rapport à la partie de l'organe vocal qui les forme, les consonnes se divisent encore en deux classes :

Il y a les consonnes *labiales*, qui sont produites par le mouvement des lèvres, et les consonnes *linguales*, qui sont produites par le mouvement de la langue.

Les consonnes labiales sont : *b*, *f*, *m*, *p*, *v*.

Les linguales sont : *c*, *d*, *g*, *j*, *k*, *l*, *n*, *q*, *r*, *s*, *t*, *x*, *z*.

Parmi ces consonnes *m*, *n* s'appellent *nasales*, parcequ'elles se prononcent du nez ; *s*, *x*, *z* sont dites *sifflantes*, à cause du sifflement qu'on fait entendre en les prononçant.

Les consonnes linguales comprennent :

Deux *dentales*, *d* et *t*, qui se prononcent en appuyant la langue sur les dents de devant.

Quatre *gutturales*, *c* (dur), *k*, *q* et *g*, que l'on prononce en contractant la langue vers le gozier.

Une *palatale*, *j*, qui est produite par l'application de la langue sur le palais.

Enfin deux *liquides*, *l* et *r*, qui se prononcent en laissant la langue libre et comme flottante dans l'intérieur de la bouche.

# CHAPITRE IV.

## Différentes manières d'écrire le même son.

Outre les signes qui leur sont propres, plusieurs sons de notre langue peuvent être représentés par des signes équivalents.

Le son de la voyelle *a* se représente par *i* dans la diphthongue *oi*; comme dans *foi, loi, roi*, qu'on prononce *foa, loa, roa*.

*a* précédé ou suivi de *h* a le même son que s'il était seul; *ah* et *ha* se prononcent comme *a*.

*é* a quatre signes équivalents : *ai, ei* ou *ey, er, ez*. Les mots *j'aimai, Bugey, danger, allez* se prononcent comme s'il y avait *j'aimé, Bugé, dangé, allé*.

*è* a de même quatre signes équivalents : *es, et, est, ait* : tu *es, forêt, fouet, ferait*, se prononcent comme si la dernière syllabe avait un *è* ouvert.

*i* a pour équivalent *y*, qui vaut tantôt deux *ii*, tantôt un seul : *paysan, citoyen* se prononcent *pai-isan, citoi-ien*; *pyramide, physique* se prononcent *piramide, phisique*. Il en est de même dans tous les mots tirés du grec; voilà pourquoi cette lettre s'appelle *i grec*.

*o* a deux équivalents, *au* et *eau*, comme dans *autre, beau*.

*eu* a pour équivalents *œ, œu*, comme dans *œil, œuf*.

*an* a trois équivalents, *am, em, en*, comme dans *ambition, emploi, enfer*, qui se prononcent comme si ces mots commençaient par *an*.

*in* en a quatre; *im* ou *ym, ain, ein, en*, comme dans *tympan, ainsi, haine, examen*.

Les équivalents de *on* sont *om* et *um*, comme dans *ombre, sombre, rhum* qu'on prononce *rhom*.

*un* se représente par *um*, comme dans *humble*.

Les consonnes ont aussi leurs lettres équivalentes.

Le *c* est l'équivalent du *k* devant les voyelles *a, o, u : canon, car, cure*, se prononcent *kanon, kar, kure*.

Le *c* est équivalent du *s* devant les voyelles *e, i ; cercle, cirque* se prononcent *sercle, sirque*.

*ch* équivaut à *k* dans plusieurs mots tirés des langues étrangères, comme *chronique, chrétien*, qu'on prononce *kronique, krétien*.

*qu* est également l'équivalent du *k*, comme dans *quart, quatre*, qui se prononcent *kart, kàtre*.

La voyelle *u* jointe à *q* ne se prononce pas, excepté dans quelques mots, comme *questeur, quintuple, quibus*. Dans d'autres cette voyelle a le son de *ou*. *Quadrature, quadrangulaire* se prononcent *qouadrature*, etc.

*ph* équivaut à *f*, comme dans *philosophie*, qui se prononce *filosofie*.

*g* a le son dur devant les voyelles *a, o, u*. Ex. : *garde, gordien, guttural*.

*g* a le son du *j* devant les voyelles *e, i*. On dit : *gérant, giron*, comme s'ils étaient écrits *jérant, jiron*.

Quand le *g* doit avoir le son guttural devant *e* et *i*, on lui joint la voyelle *u* qui ne se prononce pas, mais qui lui donne le son dur, comme dans *guerre, guide*.

*t* se prononce comme *s* dans la plupart des mots terminés en *ion*, comme : *émotion, portion* ; ou en *ie*, lorsqu'il est précédé d'une voyelle, comme *Béotie, Croatie*.

Le *ss* double se prononce comme le *s* simple : *assaut, essor*. Entre deux voyelles, il a le son de *z*, comme dans *plaisance* ; excepté *préséance, présupposer, présupposition*.

# CHAPITRE V.

### Des accents.

Les accents sont des signes qu'on joint aux lettres pour en déterminer le *son* ou le *ton*.

On distingue en français *cinq accents* : quatre se placent sur les voyelles, l'autre se met sous une des consonnes.

Les quatre accents des voyelles sont :

1o L'accent *aigu* (´) qui marque l'*é* fermé.

2o l'accent *grave* (`) qui marque l'*è* ouvert.

L'accent *grave* se place aussi sur les voyelles *à* et *ù* dans les mots *à*, *là*, *où*, pour indiquer que ces mots sont des *prépositions*.

3o L'accent *circonflexe* (^), qui se joint aux cinq voyelles pures, *a*, *e*, *i*, *o*, *u*, pour en allonger le son et pour indiquer le retranchement de la lettre suivante.

Dans les mots *tempête*, *apôtre*, *âge*, l'accent fait prolonger le son de l'*ê*, de l'*ô* et de l'*â*; de plus il indique la suppression de la lettre *s* dans *apôtre* et *tempête*, qu'on écrivait autrefois *tempeste*, *apostre*, et de la lettre *a* dans *âge* qu'on écrivait *aage*.

4o Le *tréma* (¨) qui se place sur *ë*, *ï* et *ü* pour montrer que ces voyelles doivent être prononcées à part dans le mot où elles se trouvent. Ex. : *ha-ïr*, *Sa-ül*, *cigu-ë*.

Quelquefois le *tréma* (¨) se remplace par l'accent *aigu* (´), comme dans *po-éme*, *po-éte*, *po-ésie*.

Le seul accent qui accompagne une des consonnes est la *cédille* (¸). C'est le signe abrégé du *s* qui se place sous le *c*, pour indiquer que cette lettre doit avoir un son doux devant les consonnes *a*, *o*, *u*; comme dans *effaça, façon, reçu,* qui, sans la cédille, se prononceraient avec le son du *k : effaka, fakon.*

A ces signes il faut joindre l'*apostrophe* ( ' ) qui indique la suppression d'une des voyelles *a, e* : Ex. l'*âme,* l'*homme,* pour *la âme, le homme.*

---

# CHAPITRE VI.

## § 1.

### Des Syllabes.

Les syllabes consistent dans une seule lettre, ou dans plusieurs lettres qu'on prononce par une seule émission de voix comme ; *a, o, fa, la, pa.*

Ces lettres sont des voyelles, ou des consonnes réunies à des voyelles.

Une ou plusieurs voyelles réunies peuvent former une syllabe : *a, o, eu, ou, oi, ié* sont autant de syllabes.

Les consonnes ne peuvent former de syllabes qu'en s'unissant à une ou plusieurs voyelles : *franc, christ,* ne sont syllabes que par la voyelle que ces consonnes renferment. Il n'y a pas de syllabes sans voyelles.

Les syllabes sont *simples* ou *composées.*

Les syllabes simples consistent en une seule voyelle, que cette voyelle soit formée par une seule lettre ou par plusieurs : *a, e, i, ou, an, in, un* sont autant de syllabes simples.

Les syllabes composées sont de deux sortes : les *consonnantes* et les *diphthongues.*

Les syllabes consonnantes sont composées d'une voyelle et d'une ou plusieurs consonnes réunies.

On les appelle *consonnantes* parce que les consonnes

s'y font entendre avec la voyelle : *ba, fa, la, bol, roc, nef,* sont des syllabes consonnantes.

Les syllabes *diphthongues* sont composées de deux voyelles qui représentent chacune un son particulier dans la même émission de voix.

On les appelle *diphthongues,* parce que les deux voyelles ou les deux sons s'y font entendre.

Les diphthongues les plus ordinaires se composent des voyelles suivantes réunies : *oi, oin, ui, uin ; ié, ieu, ien, ion,* comme dans les mots : *foi, foin, lui, lieu,* etc.

La diphthongue *oi* se prononce comme si l'*i* était un *a.* On dit : *foa, toa, roa,* pour *foi, toi, roi,* mais en appuyant légèrement sur le son *a.*

On peut aussi appeler *diphthongues* les syllabes où deux consonnes se font entendre dans la prononciation : ainsi *blé, drap, clef,* etc., sont des diphthongues.

Il y a donc des diphthongues *voyelles* et des diphthongues *consonnes.*

## § 2.

### Formation des Syllabes.

Les mots se composent de syllabes.

Pour composer les syllabes de chaque mot, il faut suivre les règles suivantes :

Toute syllabe doit renfermer au moins une voyelle.

La voyelle s'unit toujours avec la consonne qui la précède, comme dans *so li tu de, pla nè te.*

Excepté lorsque la consonne forme avec la voyelle une des voyelles composées : *an, in, on, un.*

A la fin des mots la consonne finale s'unit avec la voyelle qui la précède, quoique cette voyelle soit déjà jointe avec la consonne précédente : comme dans *bref, so-leil, por-tail.*

Si, dans le corps des mots, deux consonnes se trouvent à côté l'une de l'autre, le plus souvent la première s'unit à la voyelle qui la précède et l'autre à la voyelle qui la suit, comme dans *im men se, ir résolu, majes té*.

Toutes les fois qu'une voyelle est marquée du tréma ( ¨ ), elle se prononce à part et fait prononcer à part la voyelle qui la précède : comme dans *ciguë, Caïn*, etc., qui se prononcent : *cigu-ë, Ca-in*.

Il en est de même des voyelles séparées par l'*h* aspiré, comme dans *tra-hir, co-hue*.

Quand l'*y* se trouve dans un mot d'origine française, il équivaut à deux *ii* qui se séparent dans la prononciation, le premier s'unissant aux lettres qui le précèdent, l'autre aux lettres qui le suivent : *voyons* se prononce *voi-ions*, pays, *pai-is*.

Toutes les lettres ne se prononcent pas dans toutes les syllabes. Généralement les consonnes *d, g, p, t, s, x,* ne sont point prononcées à la fin des mots.

Souvent même plusieurs consonnes réunies ne se font point entendre : dans les mots *blancs, grands, dents, temps*, les consonnes finales *c s, d s, t s, p s,* n'ont pas de sons.

Dans *ils viennent,* et toutes les terminaisons analogues, les deux lettres *nt* ne sont pas prononcées.

Les syllabes réunies forment les mots.

# CHAPITRE VII.

### Division des mots.

Les mots sont les signes des idées que nous avons des êtres considérés, soit en eux-mêmes, soit dans leurs manières d'être.

Les êtres considérés en eux-mêmes s'appellent des *substances*.

Leurs manières d'être, qualités, propriétés ou rapports sont des *modifications*.

Les idées qui ont pour objet la substance des êtres sont représentées par des mots qui s'appellent *substantifs* ou *noms*.

Les idées qui ont pour objet les modifications des êtres sont exprimées par des *modificatifs*.

Ces mots : *Dieu est bon, l'homme est mortel*, renferment des substantifs et des modificatifs.

*Dieu, homme*, sont des substantifs; *est, bon, mortel*, sont des modificatifs.

Les mots se divisent donc en deux grandes classes : les *substantifs* ou *noms*, et les *modificatifs*.

Telle est la division des mots d'après leurs caractères essentiels.

A les considérer sous un point de vue purement extérieur, ils peuvent également se diviser en deux classes :

La 1$^{re}$ comprend les mots *invariables* ou qui ne changent jamais; comme *oui, non, mais, car*, etc.

La 2$^e$ les mots *variables* ou qui changent selon les circonstances où on les emploie; comme *aimer, finir*, qui font *aimons, aimez; finissons, finissez*, etc.

Dans les mots variables on distingue le *radical* et la *terminaison*.

Le radical du mot est ce qui en fait comme la substance; ce sont les sons ou les lettres qui restent toujours les mêmes dans le mot, comme *aim* dans *aim er, aim ons*.

La terminaison comprend les sons ou les lettres qui varient selon les circonstances où le mot est employé; c'est la partie variable du mot, ce sont ses modifications; comme *er, ons* dans *aim er, aim ons*.

# CHAPITRE VIII.

## § 1.

### Du substantif ou nom.

On appelle substantif ou nom tout mot qui désigne une personne ou une chose quelconque, considérée dans son être ou sa substance, indépendamment de ses qualités ou manières d'être. Tels sont les mots *Dieu, soleil, homme, animal, plante, vertu, vice, bonheur, malheur,* etc.

Les substances sont de deux sortes :

Les unes existent réellement ; ce sont tous les êtres animés et inanimés dont l'univers se compose : on les appelle pour cela des substances réelles. *Dieu, le soleil, la terre, les animaux, les hommes* sont autant de substances réelles.

Les autres n'ont point d'existence réelle : ce sont des qualités ou des manières d'être que l'esprit abstrait, c'est-à-dire sépare des êtres réels, et qu'il considère ensuite comme si elles existaient réellement.

Par-là il leur prête une existence qu'elles n'ont point en elles-mêmes ; c'est pourquoi on les appelle des substances *fictives* ou créées par l'esprit.

Les mots *sagesse, bonté, vertu, vice, bonheur, malheur,* désignent des substances fictives ou abstraites.

De là deux sortes de substantifs ; les *substantifs* ou noms *réels,* et les *substantifs* ou noms *abstraits.*

## § 2.

### Substantifs réels.

Les substantifs réels sont de deux sortes : les uns ne désignent qu'un être unique et ne s'appliquent qu'à lui ; les autres servent à désigner tous les êtres semblables ou de la même espèce. Les premiers s'appellent *noms propres*, les autres *noms communs*.

Ces mots : *Dieu, le Soleil, la Lune, la Terre, Alexandre, César, Napoléon*, sont des noms propres.

Les mots *plante, animal, homme, peuple, or, argent*, sont des noms communs.

Les noms propres se changent souvent en noms communs; mais alors ils sont pris dans un sens différent de leur sens primitif.

Quand on veut désigner, non le vrai Dieu qui est unique, mais les faux dieux qu'adoraient les anciens peuples, le mot *Dieu* désigne une multitude d'êtres. On dit alors : *les dieux*.

Quand on parle des astres du firmament, souvent on les appelle *des soleils*.

De même on dit : *les lunes* de *Jupiter*, en parlant des satellites de cette planète.

On dit : *les terres* pour désigner, non le globe entier de la terre, mais quelques-unes de ses parties.

On dit aussi *les Alexandres*, *les Césars* pour désigner d'autres héros ou conquérants dont les exploits les ont fait ressembler au *premier Alexandre*, au *premier César*.

Les noms communs se divisent en deux classes : il y a les noms communs *collectifs* et les noms communs *partitifs*.

Un nom commun est collectif quand il désigne une réunion, une collection d'êtres semblables, distincts les uns des autres et qui peuvent se compter. Tels sont les noms *animal, homme, peuple*.

Le nom commun est *partitif* quand il désigne des choses qui se composent, non d'individus semblables et distincts les uns des autres, mais de parties dont la réunion forme un *tout* au lieu d'une *collection*. Tels sont les noms des métaux : *le fer, l'argent, l'or,* et ceux des éléments : *l'eau, l'air, le feu.*

Ces noms ne deviennent collectifs qu'en les détournant de leur premier sens.

On dit : *les fers,* en parlant de chaînes d'un prisonnier.

On dit : *les eaux,* en parlant de différents amas d'eau.

*Les airs,* en parlant des différentes parties de l'atmosphère ou des vents qui l'agitent.

*Les feux,* en parlant de différents feux : *les feux du jour, les feux du soleil, les feux de l'ennemi, les feux d'un village.*

Mais alors on ne considère pas le feu, l'air et l'eau comme éléments.

**§ 3.**

**Substantifs ou noms abstraits.**

Les substantifs ou noms abstraits se divisent comme les substantifs réels ; il y a les noms *abstraits propres* et les noms *abstraits communs.*

Le nom abstrait propre ne désigne qu'une seule chose abstraite : cette chose est une qualité, une manière d'être, ou un fait.

Les mots *courage, prudence, sagesse, étendue, pesanteur, attraction,* désignent des qualités dont chacune est unique dans son espèce ; ce sont des noms propres abstraits.

Tous les infinitifs des verbes, comme *aimer, agir, marcher, dormir, tomber, monter, descendre,* ne sont au fond que des noms propres abstraits.

Ce sont des noms abstraits ; car ils expriment chacun un fait ou une manière d'être considérée en elle-même.

Ce sont des noms propres ; car chacun d'eux désigne

une manière d'être, un fait qui est unique dans son genre.

Le nom commun abstrait désigne toutes les qualités, toutes les manières d'être qui se ressemblent, qui sont de la même espèce.

Les mots *science*, *vertu*, *vice*, *qualité*, *défaut* sont autant de noms abstraits communs; car il y a plusieurs *sciences*, plusieurs *vertus*, plusieurs *vices*, plusieurs *qualités* et plusieurs *défauts* auxquels ces mots s'appliquent.

Les noms communs abstraits comprennent les noms communs *personnels*.

## § 4.

### Noms personnels.

Les noms personnels désignent les personnes du langage.

Les personnes du langage sont les différents acteurs qui y jouent un rôle.

Rigoureusement parlant, il n'y a que deux acteurs dans le langage ; la personne qui parle et celle à qui parle la première.

La chose ou la personne dont on parle n'est que l'objet du discours ; elle n'y joue point de rôle.

Mais l'usage de compter trois personnes dans le langage étant établi partout, il serait difficile de ne pas s'y conformer.

On compte donc trois personnes dans le langage :

La 1ʳᵉ personne, ou celle qui parle, est désignée par le mot *je*.

La 2ᵉ personne, ou celle à qui l'on parle, est désignée par le mot *tu*.

La 3ᵉ personne, ou l'objet dont on parle, est désignée par le mot *il* ou *elle*.

1*

Il y a donc deux véritables noms personnels, *je, tu,* auxquels l'usage en ajoute un autre, le nom *il.*

C'est à tort qu'on veut compter parmi les *pronoms* les deux premiers noms personnels, car ils ne tiennent la place d'aucun nom ; ils désignent les rôles que jouent dans le langage les personnes qui s'en servent, quel que soit le nom de ces personnes.

Le seul qui puisse s'appeler pronom est le troisième nom personnel *il ;* car on l'emploie souvent à la place du nom de la personne ou de la chose dont on parle, et on peut le remplacer par ce nom même. Aussi n'est-il rangé qu'improprement dans les noms personnels.

§ 5.

### Résumé.

Il y a deux sortes de *substantifs* ou *noms :* le substantif ou nom *réel* qui désigne des êtres réellement existants, et le substantif ou nom *abstrait* qui signifie des choses abstraites ou fictives.

Le nom réel et le nom abstrait se divisent chacun en deux classes : le nom *propre* et le nom *commun.*

Le nom propre ne désigne qu'un seul être, qu'une seule chose réelle ou abstraite ; le nom commun désigne tous les êtres de la même espèce, toutes les choses semblables, soit réelles, soit abstraites.

Le nom commun réel est de deux sortes : le nom commun *partitif,* qui désigne les choses qui ne se divisent pas en individus, mais seulement en parties, comme les *éléments* et les *métaux ;* puis le nom *collectif,* qui désigne les choses ou les êtres qui se comptent, qui se réunissent en collections, comme les *hommes,* les *animaux,* etc.

Même division pour le nom *commun abstrait.*

Il y a le nom commun *abstrait proprement dit,* qui

désigne les qualités abstraites communes à plusieurs choses.

Et le nom commun *personnel* qui désigne les rôles ou personnes du langage.

Ces personnes ne sont véritablement qu'au nombre de deux, puisque le nom de la troisième personne est plutôt un pronom que le nom d'un rôle.

Tels sont les différentes espèces de noms que comprend la langue française.

Tous ces noms sont *simples;* ils consistent en uu seul mot.

Il faut y ajouter les noms *composés*, c'est-à-dire, ceux qui sont formés de plusieurs mots.

## § 6.

### Des noms composés.

Les noms composés sont formés :

Les uns de deux substantifs, comme *chef-lieu, chou-fleur, oiseau-mouche.*

Les autres d'un substantif et d'un adjectif, comme *bel-esprit, bas-bleu, basse-cour.*

Ou d'un substantif et d'un verbe, comme : *essuie-mains, couvre-pieds, garde-robe.*

D'autres de deux subtantifs réunis par une préposition exprimée ou sous-entendue, comme : *chef-d'œuvre, pied-à-terre, Hôtel-Dieu.*

D'autres sont formés de mots dont aucun n'est substantif, comme : *in-douze, passe-debout, pour-boire, oui-dire;*

Enfin, les langues étrangères nous ont fourni des noms qui ont conservé leur forme primitive, et dont les uns sont *simples*, les autres *composés,* comme : *benedicite, factum, ultimatum, Te Deum, dandy, far-niente, alto, piano, etc.*

On distingue dans les substantifs ou noms le *genre* et le *nombre* auxquels on pourrait ajouter les *cas*.

# CHAPITRE IX.

## § 1.

### Du genre des substantifs.

L'espèce humaine et tous les animaux se divisent en *deux sexes* ou *genres*.

Le premier comprend les animaux mâles; on l'appelle *genre masculin*.

Le second renferme les animaux femelles; on le nomme *genre féminin*.

Les substantifs qui désignent les animaux et les hommes participent à leurs genres; il y a par conséquent des substantifs *masculins* et des substantifs *féminins*.

Les noms *homme*, *lion*, sont du masculin, *femme*, *lionne*, sont du *féminin*.

Cependant les langues ne distinguent les genres des animaux que dans les espèces qui sont le plus en rapport avec l'homme; dans toutes les autres espèces les mâles et les femelles sont confondus en un même genre et désignés par un seul et même nom.

Ainsi chaque genre d'animaux domestiques, comme *le bœuf et la vache*, *la poule et le coq*, a son nom particulier; mais on ne distingue pas les genres dans le *renard*, *l'écureuil*, *l'hirondelle*, *les poissons*, etc., où le même nom désigne le mâle et la femelle.

Toutes les autres choses réelles ou abstraites qui n'ont point de sexe ont été rangées dans les deux genres précédents, soit par leur analogie avec l'un des deux sexes, soit pour des raisons qu'il est aujourd'hui difficile de déterminer.

## § 2.

### Distinction du genre des substantifs.

Il est facile de distinguer le genre des substantifs quand on les voit écrits ou qu'on les entend prononcer, parce qu'alors ils sont presque toujours accompagnés d'un petit mot, appelé *article*, qui a pour objet de déterminer leur genre.

L'article *le* désigne le genre masculin, l'article *la* le genre féminin.

Si les noms propres d'hommes et de femmes, comme *César, Cléopâtre*, ne sont pas accompagnés de l'article, le genre de ces noms se connaît aisément par celui des êtres qu'ils désignent.

Mais il est très-difficile de connaître le genre des noms communs et des noms propres abstraits quand on veut les employer dans le discours.

La grammaire peut cependant établir quelques règles qui simplifient et diminuent cette difficulté.

### Règle générale.

Les substantifs ou noms, terminés au singulier par un *e* muet, sont la plupart du féminin.

Ceux qui se terminent par une autre voyelle ou une consonne sont généralement du masculin.

Les exceptions à cette double règle sont nombreuses, mais on peut les ramener elles-mêmes à des règles.

Quelle que soit leur terminaison, les noms français qui dérivent du grec, du latin ou d'une langue vivante, comme l'anglais, l'italien, gardent le genre qu'ils avaient dans la langue qui nous les a fournis.

Cette règle, qui ne peut servir qu'à ceux qui connaissent les langues étrangères, a deux exceptions.

La plupart des noms d'arbres, d'arbustes et d'arbrisseaux, bien que féminins en latin, sont masculins en français, comme *le pommier, le poirier, le chêne, le sapin*, etc.

La plupart des noms de fruits sont féminin en français, quoiqu'ils soient d'un autre genre en latin. Ex. : *La pomme, la poire, la cerise*, etc.

Sont masculins :

Les noms qui signifient des titres, des professions, des qualités, des défauts, qui ne conviennent généralement qu'à des hommes; comme le *philosophe*, l'*auteur*, l'*orateur*, le *cabaleur*, le *fat*.

Les substantifs formés d'adjectifs abstraits pris substantivement; comme le *vrai*, le *juste*, le *beau*, l'*utile*.

Les infinitifs des verbes pris substantivement; le *manger*, le *boire*, le *dormir*, l'*aller* et le *venir*.

Les noms dont on se sert en histoire naturelle pour classer et désigner les différentes espèces d'animaux : un *herbivore*, un *mammifère*, un *pachyderme*.

Les noms employés en chimie pour désigner les corps simples et leurs composés : l'*argent*, l'*or*, le *cuivre*, l'*oxigène*, l'*azote*.

Les noms des couleurs primitives : le *violet*, l'*indigo*, le *vert*, le *bleu*, etc.

Les noms des quatre saisons de l'année, ceux des mois, ceux des jours.

Les noms du système décimal : le *mètre*, le *litre*, le *stère*, le *gramme*, et leurs composés.

La plupart des noms des grands fleuves et des lacs.

Sont féminins :

Presque tous les noms terminés en *ion* et en *aison* Région, portion, fusion, raison, maison, etc.

Les noms terminés en *eur* qui expriment les qualités de l'âme ou du corps : *Couleur, blancheur, douceur.*

Presque tous les substantifs en *té*, comme *bonté, vérité*, et ceux qui se terminent en *tié : Amitié, pitié.*

La plupart des noms de fleurs, comme la *rose*, la *tulipe.*

Les noms d'îles, comme la *Corse*, la *Sicile*; parce qu'on sous-entend devant ces noms le mot *île.*

Les noms des cinq parties du monde : *l'Europe, l'Asie*, etc., et presque tous ceux des contrées, des pays : la *France*, la *Russie*, l'*Espagne.*

Les noms des villes, des provinces, des montagnes sont les uns masculins, les autres féminins.

Les substantifs qualificatifs et les adjectifs pris substantivement, qui peuvent convenir aussi bien aux femmes qu'aux hommes, sont masculins quand on les applique à un homme et féminins quand c'est à une femme. Le *roi*, la *reine*, un *acteur*, une *actrice.*

§ 2.

### Genre des noms composés.

Quand deux substantifs se réunissent par un trait d'union pour ne former qu'un seul nom, ce nom prend le genre du premier substantif. On dit : la *fête-Dieu*, le *laurier-rose.*

Il en est de même quand deux substantifs se réunissent par une préposition pour n'en former qu'un seul. On dit : un *arc-de-triomphe*, un *chef-d'œuvre*, la *belle-de-nuit.* Si *tête-à-tête* est masculin, c'est à cause du mot *entretien* sous-entendu.

Quand un mot se compose d'un substantif et d'un adjectif réunis, c'est le substantif qui en détermine le genre. Ex. : un *arc-bouttant*, une *basse-cour.*

Il en est de même dans les noms qui se composent d'un substantif et d'un mot invariable, soit adverbe, soit préposition. On dit : un *avant-bras* et une *arrière-garde*.

Les noms composés de deux verbes ou d'un verbe et d'un substantif sont du masculin. Ex. : un *couvre-pieds*, un *garde-note*, un *porte-voix*, le *laisser-aller*.

Les prépositions, les conjonctions, les phrases, employées substantivement, sont aussi du masculin. Ex. : le *qu'en dira-t-on*, un *coq-à-l'âne*, etc.

## § 3.

### Substantifs des deux genres.

*Aide*, signifiant celui ou celle qui aide, est masculin si on l'applique à un homme et féminin si c'est à une femme. On dit : un *aide de camp* et une *aide sage-femme*.

*Aide* est toujours féminin quand il signifie secours ; on dit : *Par l'aide divine.*

*Aigle*, l'oiseau qui porte ce nom ou les hommes qu'on lui compare, est masculin : un *grand aigle* ; cet *homme est un aigle*.

Dans le sens d'enseigne ou d'armoirie *aigle* est féminin : une *aigle éployée*, les *aigles romaines*.

*Couple* est masculin quand il désigne deux êtres unis d'une manière sérieuse et durable : Un *couple d'amis*, un *beau couple*.

Il est féminin quand il s'applique à deux êtres réunis accidentellement : Une *couple de louis*, une *couple de curieux*.

*Enfant* est naturellement masculin ; cependant, quand il désigne une jeune fille déterminée, il se met au féminin : *Ma belle enfant*.

*Espace*, signifiant étendue est masculin. Il n'est féminin qu'en terme d'imprimerie, pour désigner une petite pièce de métal qui sépare les lettres : Une *espace large*, *fine*.

*Enseigne*, signifiant *drapeau* ou *tableau*, est féminin. On dit : Les *enseignes romaines*, une *enseigne de cabarèt*.

Il est masculin quand il signifie *l'homme qui porte l'enseigne* ou le *drapeau*.

*Foudre*, signifiant le tonnerre, est féminin : *La foudre est tombée*.

Il est masculin quand il signifie un grand conquérant, un grand orateur : *C'est un foudre de guerre, d'éloquence*.

De même lorsqu'il signifie l'image, la représentation de la foudre : *Un foudre peint, aîlé*.

De même encore quand il désigne une tonne d'une grande capacité pour contenir des liquides : *Un beau foudre, plein de vin*.

*Fourbe* est féminin quand il signifie tromperie : *La fourbe*. Il est masculin quand il signifie l'homme qui trompe : *Le fourbe*.

*Garde* est masculin appliqué à un homme, et féminin si c'est à une femme. On dit : *le garde chasse*, le *garde du corps*, et *une garde malade*. On dit aussi : *la garde royale ; monter la garde*.

Le mot *gens* au pluriel, employé pour le mot *homme*, est naturellement masculin.

Quand il est accompagné d'un adjectif, ce mot est tantôt masculin, tantôt féminin.

Il est généralement masculin quand l'adjectif le suit : *Des gens sensés, savants, courageux*.

Il est presque toujours féminin quand l'adjectif le précède : *De bonnes gens, de vieilles gens*.

*Hymne* est toujours masculin, excepté quand il dé-

signe des chants d'église. On dit : *Un hymne héroïque*, et *une hymne de vêpres.*

*Merci* est masculin dans le sens de remerciément :
*grand merci ;* il est féminin dans le sens de miséricorde, de grâce : *être à la merci de quelqu'un.*

*Mode*, signifiant la manière d'être, est masculin. On
dit le mode d'un *être*, d'un *verbe*, le *mode musical.* Ce
mot est féminin quand il signifie la manière de penser, de s'habiller, de se conduire, qui dépend d'un
usage passager et souvent capricieux : *Suivre la mode.*

*Noël*, jour de Noël, ou cantique fait pour être
chanté le jour de Noël, est masculin ; mais on dit :
*la noël* pour désigner *la fête de Noël*, parce qu'on
sous-entend le mot *fête.*

*Œuvre* est naturellement féminin ; cependant il
devient masculin quand il signifie quelque produit
remarquable de l'intelligence ou de l'art. On dit : *Un
œuvre de génie, l'œuvre d'un peintre, d'un statuaire,
d'un musicien.*

On dit aussi en terme d'alchimie : *Travailler au
grand œuvre.*

*Office* est masculin quand il désigne le devoir ou la
charge ; il est féminin quand il signifie l'endroit de
la maison où se prépare le service de la table, où
mangent les domestiques.

*Orge* est féminin, excepté dans ces expressions :
*Orge perlé, orge mondé.*

*Pendule*, corps pesant suspendu par un fil ou une
tige métallique, est masculin : *Les oscillations du pendule ;* il est féminin pour désigner l'horloge à laquelle
est attaché un pendule. On dit : *Une belle pendule.*

*Période*, signifiant un espace de temps indéterminé
ou le point le plus élevé que puisse atteindre une personne, une chose, est masculin : *Un long période de
temps, le plus haut période de sa gloire.*

*Période* est féminin quand il désigne la révolution régulière d'un astre, d'un certain nombre d'années déterminées; ou l'espace régulier que parcourt une maladie, une passion; où la phrase composée de plusieurs membres qui forment un sens complet. On dit donc : *La période du soleil, la période julienne ; la période d'accroissement et de décroissement; longue, courte période dans un discours.*

Le mot *personne*, employé comme substantif, est féminin : *Une bonne personne, soigner sa personne.*

*Personne*, dans le sens de *nul*, de *qui que ce soit*, de *quelqu'un*, est masculin : *Il n'y a personne plus orgueilleux que lui.*

A moins que ce mot ne se rapporte à un nom de femme exprimé; on dit alors : *Personne n'est plus jolie, plus douce que cette dame.*

On dit : *le platine*, sorte de *métal*, et *la platine*, partie de la cheminée, pièce d'un fusil.

La *poste aux lettres, aux chevaux ; et le poste*, lieu où l'on se place : *Un poste avantageux, soldat à son poste.*

Le *poële* signifiant *drap* mortuaire, *voile* servant à la bénédiction nuptiale, *fourneau* pour chauffer les appartements, est masculin ; il est féminin quand il signifie *la poële à frire*, instrument de cuisine.

On dit : *Le pourpre*, couleur rouge, ou sorte de maladie; et *la pourpre*, teinture précieuse, vêtement d'honneur : *Pourpre impériale.*

On dit : *Un remise* sorte de voiture ; et *une remise*, lieu où l'on range les voitures; action de remettre quelque chose, une dette; retardement : *la remise d'une affaire.*

*Sentinelle* se prend tantôt au masculin, tantôt au féminin. On dit également : *Sentinelle vigilante*, de *nombreux sentinelles.*

On dit : *Le solde*, paiement d'un reste de compte ; et *la solde*, paye des soldats.

La *trompette*, instrument à vent ; le *trompette* celui qui sonne de la trompette.

*Le vague*, grand espace vide ; *la vague*, l'eau de la mer et des rivières lorsqu'elle est agitée.

### § 4.

**Substantifs qui changent de genre en changeant de nombre.**

Les substantifs *amour*, *délice*, *orgue*, *Pâque* sont masculins au singulier et féminins au pluriel.

On dit : *Un vif amour, un nouvel amour* et *de vieilles, de folles amours.*

Cependant *amour* est masculin, même au pluriel, quand il signifie le dieu de l'amour. Ex. : *Peindre de petits amours.*

On dit : *Un pur délice, de pures délices.*

*Un bel orgue, de belles orgues.*

*Faire son pâque et faire de bonnes pâques, pâques fleuries.*

Le mot *Pâque*, quand il signifie la fête des Juifs, est féminin, même au singulier. Ex. : *Les Juifs ont célébré la pâque.*

---

## CHAPITRE X.

### § 1.

**Du nombre des substantifs.**

Les nombres sont infinis, mais relativement aux mots des langues on n'en compte que deux ; le *nombre singulier* et le *nombre pluriel*.

Tous les substantifs ou noms des personnes et des choses se rangent dans ces deux nombres.

Ils sont au *singulier* quand ils ne désignent qu'une seule personne, qu'une seule chose, et au *pluriel* quand ils en désignent plus d'une, quelle qu'en soit la quantité.

*Soleil*, *Alexandre*, *César*, sont au singulier ; *les soldats*, *les peuples*, sont au pluriel.

Les noms communs collectifs, réels ou abstraits, et les noms personnels participent aux deux nombres.

Mais tous les noms propres réels ou abstraits, pris dans leur sens primitif, et tous les noms partitifs n'ont qu'un seul nombre, le singulier.

Ainsi on dit : *l'homme, les hommes, l'animal, les animaux, la vertu, les vertus*, etc.

Mais on ne dit pas : *les courages, les prudences, les sagesses*.

On ne dit pas non plus : *les faims, les soifs, les sommeils*, etc.

De même tous les infinitifs des verbes, comme *boire, manger, dormir*, n'ont point de pluriel. On dit : *le boire, le manger, le dormir;* on ne dit pas : *les boires, les mangers*.

On ne dit pas plus : *les ors, les argents*, etc.

Si l'on place quelquefois les noms propres au pluriel, c'est qu'on les considère comme exprimant une qualité commune à plusieurs êtres.

Ils sont alors transformés en noms collectifs ou communs, ils ont cessé d'être des noms propres.

On dit *les Alexandres, les Césars*, parce que le nom propre de ces deux grands hommes devient le nom commun de ceux qui leur ressemblent.

Par la même raison les noms de familles illustres prennent le pluriel : on dit les *Capets*, les *Bourbons*, les *Horaces*, les *Scipions*.

Les noms propres prennent encore le pluriel quand

ils servent à désigner les œuvres des grands hommes dont ils sont le nom.

Deux *Homères*, deux *Virgiles*, deux *Bossuets*, veulent dire deux exemplaires de leurs œuvres; parce qu'un grand écrivain étant tout entier dans ses œuvres complètes, plusieurs exemplaires le représentent plusieurs fois lui-même.

Mais les titres des ouvrages d'esprit ne se placent pas au pluriel, quand même on parlerait de plusieurs exemplaires. On dit donc, sous la forme du singulier : deux *Athalie* de Racine, deux *Misanthrope* de Molière, deux *Télémaque* de Fénélon; parce que ces auteurs n'ont fait qu'une *Athalie*, qu'un *Misanthrope*, qu'un *Télémaque*.

On ne place même pas au pluriel le nom d'un grand homme, quand, pour lui faire honneur, on semble le considérer comme valant plusieurs individus, et que l'on fait précéder son nom de l'article au pluriel; parce qu'alors on n'applique son nom qu'à lui seul. On dit : les *Molière*, les *Racine*, les *Boileau*, les *Corneille* sont de grands poètes.

Tout nom commun se rapporte à plusieurs choses; il semble donc que cette espèce de substantif devrait toujours être au pluriel.

Mais, quoique se rapportant à plusieurs choses, le nom commun n'exprime qu'une seule espèce d'êtres, qu'une seule collection, et chaque collection, chaque espèce est considérée comme une seule chose; voilà pourquoi le nom qui l'exprime est au singulier. Ex. : *le peuple*.

Ce nom ne prend le pluriel que quand il s'applique à plusieurs collections semblables, comme *les peuples*.

Ou bien quand, au lieu d'exprimer une collection, une espèce, il désigne les êtres qui la composent.

Ainsi le mot *homme* exprime la pensée au genre humain ; mais quand on dit : *les hommes,* on exprime la pensée aux individus renfermés dans le genre.

. Il y a des noms français qui n'ont point de singulier. Ce sont ceux qui renferment nécessairement l'idée de plusieurs choses : tels sont *vépres et matines* qui signifient les prières du soir et du matin ; tels sont encore les mots *ancêtres, ciseaux, doléances, fiançailles, funérailles, gens, mœurs, pleurs, ténèbres,* etc.

### § 2.

**Distinction du singulier et du pluriel.**

Le pluriel se distingue du singulier par la terminaison des noms.

**Règle générale.**

La lettre *s* est la terminaison caractéristique du pluriel.

Le plus grand nombre des noms se terminent donc au pluriel par *s*. On dit : mon *père* au singulier, au pluriel nos *pères* ; ta *maison,* vos *maisons* ; sa *sœur*, ses *sœurs.*

Les noms terminés au singulier pour *au* et *eu,* se terminent au pluriel par *x*, lettre double qui renferme un *s* final. *Bateau, fleau, feu, neveu,* font au pluriel, *bateaux, fléaux, feux, neveux.*

*Bijou, caillou, chou, genou, hibou, joujou* et *pou* prennent aussi un *x* ; tous les autres noms en *ou* prennent un *s* d'après la règle générale.

Les noms qui se terminent au singulier par *s*, *x*, comme *bois, croix, etc.,* ne changent par conséquent point au pluriel.

Il en est de même des noms terminés au singulier par *z*, qui équivaut à *s*. Le mot *nez* s'écrit au pluriel comme au singulier.

Les noms en *al* ont leur pluriel en *aux : animal*, *tribunal*, font au pluriel *animaux, tribunaux*, etc., excepté *aval, bal, carnaval, pal, régal*, qui se terminent au pluriel, selon la règle générale, par un *s*.

Les noms en *ail* suivent aussi la règle générale, excepté *bail, émail, corail, soupirail, travail, vitrail*, qui forment leur pluriel en *aux : émaux, vitraux*, etc.

Cependant *travail* fait au pluriel *travails*, quand il signifie les *travails* des employés avec leur chef, ou certaines machines à ferrer les chevaux.

*Bétail* a pour pluriel *bestiaux*, qui vient de *bestial*.

*Ail* a deux pluriels, *ails* et *aulx*.

*Aïeul* fait au pluriel *aïeux* quand on parle des ancêtres en général; il fait *aïeuls* quand on parle d'une partie seulement des ancêtres, de la grand-mère et du grand-père, ou des aïeuls soit du côté de la mère soit du côté du père. On dit : *mes aïeuls maternels*.

*Ciel* fait *cieux*, quand on parle du ciel au pluriel. Ex. : *la voûte des cieux*.

Il fait *ciels* quand on parle des choses qui imitent le ciel : *des ciels de lit, les ciels d'un tableau*.

*Œil* fait *yeux* quand on parle des *yeux* de l'homme, des animaux, ou de choses qui ressemblent aux yeux. On dit : les *yeux* de la soupe.

Il fait *œils* quand on parle de choses qui pourraient se confondre avec les yeux des animaux ; voilà pourquoi ou dit : des *œils* de perdrix, pour désigner une plante, et *des œils de bœuf* ( terme d'architecture).

Parmi le noms tirés des langues étrangères et qui ont conservé leur première forme, les uns restent invariables, comme : *des Alleluia , des Pater, des Ave, des Stabat , des Requiem ;* les autres prennent la marque du pluriel, comme : *des bravos, des pianos, des numéros, des factums , des museums ; des dandys, des lazzis*, etc.

## § 3.

### Formation du pluriel dans les noms composés.

Tous les mots qui entrent dans la composition de ces noms ne sont pas susceptibles de prendre les deux nombres.

### Règle générale.

Les mots variables peuvent seuls prendre les deux nombres.

Dans les noms composés les seuls mots variables sont les substantifs et les adjectifs ; eux seuls peuvent donc prendre le singulier et le pluriel.

Quand un nom est composé de deux substantifs dont l'un qualifie l'autre, celui qui qualifie prend le nombre de celui qui est qualifié. On dit : *un chef-lieu*, *des chefs-lieux*, *un chou-fleur*, *des choux-fleurs*, *l'oiseau-monche*, *les oiseaux-mouches*.

Il en est de même qnand le nom se compose d'un substantif et d'un adjectif qui le qualifie : *une basse-cour*, *des basses-cours*, *un bel-esprit*, *des beaux-esprits*.

On connait qu'un mot en qualifie un autre qnand on peut les réunir par le verbe *étre* et *dire* du premier qu'il est ce qu'indique le second. Ex. *L'oiseau qui est mouche*, (pour la grosseur), *le chou qui est fleur*, *le lieu qui est chef*, *la cour qui est basse*, etc.

Si des deux noms réunis aucun n'est qualificatif, c'est seulement d'après le sens qu'ils présentent qu'on peut juger à quel nombre il faut placer l'un et l'autre.

Dans *garde-côte* les deux noms peuvent prendre le pluriel parce qu'il y a plusieurs *gardes* et plusieurs *côtes* de mer à garder.

Mais on dira au singulier comme au pluriel : *un bec-figues*, *des bec-figues*, oiseau dont le bec pique les *figues*. *Un appui-main*, *des appuis-main*, *un Hô-*

tel-Dieu, des Hôtels-Dieu, c'est-à-dire, des *appuis pour la main, des hôtels de Dieu.*

Si l'adjectif réuni à un nom ne le qualifie pas, c'est parce qu'il se rapporte à un autre nom sous-entendu. Alors il ne doit point s'accorder avec le premier.

On dit : *un terre-plein et des terre pleins* ; c'est-à-dire, *des lieux pleins de terre* ; *un blanc-seing et des blanc-seings,* pour *des seings* ou *signatures* données sur *papier blanc.*

Dans un certain nombre de noms féminins composés avec l'adjectif *grand*, l'usage a voulu que cet adjectif s'écrivit ainsi :

*Une grand'mère, des grand'mères ; un grand'père, des grand'pères ; la grand'rue, des grand'rues ; la grand'chambre* (de justice), *les grand'chambres.*

La suppression de l'*e* muet dans grand, est indiqué par l'apostrophe ( ').

On dit aussi d'après l'usage : *un chevau-léger,* (ancienne cavalerie), *et des chevau-légers.* Chevau, abrégé de chevaucheur, est le même pour les deux nombres.

Si deux substantifs sont réunis par une préposition exprimée ou sous-entendue, le premier seul peut prendre le pluriel. Ex. *Un chef-d'œuvre, des chefs-d'œuvre, un arc-en-ciel, des arcs-en-ciel, un hôtel-Dieu, des hôtels-Dieu.*

Quand deux substantifs réunis par une préposition n'ont de sens qu'à l'aide d'un autre nom sous-entendu, tous deux sont invariables.

On dit donc : *un* ou *des coq-à-l'âne, un* ou *des tête-à-tête,* à cause du mot *entretien* sous-entendu. *Des entretiens du coq à l'âne, des entretiens tête à tête.*

Les *prépositions, les adverbes, les verbes* même qui entrent dans la composition des noms, sont toujours invariables. Le substantif seul prend le nombre que le sens exige.

Ex. *L'après-midi, les après-midi.*
*Un anti-pape, des anti-pape.*
*Un contre-coup, des contre-coups.*
*Un essuie-mains, des essuie-mains.*
*Un cure-dents, des cure-dents.*
*Un coupe-gorge, des coupe-gorges.*
*Un perce-neige, des perce-neige.*
*Un abat-jour, des abat-jour.*
*Un couvre-pieds, des couvre-pieds.*

Quand les noms sont entièrement composés de mots invariables, aucun ne prend le pluriel.

*Un ouï-dire, des ouï-dire, un pour-boire, des pour-boire, des qu'en-dira-t-on.*

Tous les noms composés empruntés aux langues étrangères sont également invariables. *Un Te-Deum, des Te-Deum, des in-octavo, des ex-voto, des fac-simile.*

# CHAPITRE XI.

### Des cas.

Dans plusieurs langues anciennes et modernes les noms sont encore susceptibles d'une autre modification qu'on appelle *cas*.

Les cas consistent dans différentes terminaisons que les noms subissent, pour exprimer les divers rapports qu'ont entre elles les personnes ou les choses qui font le sujet ou l'objet du langage.

En français, il n'y a que le nom *personnel* qui soit soumis à des cas, et les cas auxquels il est soumis sont au nombre de *trois* :

Le *nominatif*, qui indique que le nom personnel est le sujet de la phrase, c'est-à-dire en tête des autres mots qui tous dépendent de lui. Ex. : *Je lis, tu lis, il lit, nous lisons,* etc.

Le *datif* ou *attributif,* qui indique la personne à laquelle une chose est attribuée, à qui elle appartient. Ex. : *Je m'adresse à toi, il s'adresse à moi, nous parlons à lui. Le livre de moi, de toi, de lui.*

L'*accusatif,* qui indique la personne ou la chose qui est l'objet de l'action exprimée. Ex. : *Je te blesse, tu me frappes, ils se repentent.*

NOMINATIF. { Singulier : *Je, tu, il* ou *elle.*<br>{ Pluriel : *Nous, vous, ils, elles.*

ATTRIBUTIF. { Singulier : *Moi, toi, lui, soi.*<br>{ Pluriel : *Nous, vous, eux, soi, leur.*

ACCUSATIF. { Singulier : *Me, te, le, la, se.*<br>{ Pluriel : *Nous, vous, les, se.*

Le substantif est le mot fondamental du langage. Tous les autres s'y rapportent et en dépendent.

# CHAPITRE XII.

## § 1.

### Des modificatifs.

Les modificatifs expriment les manières d'être ou les modifications.

Ils sont de deux sortes : les uns expriment les modifications des personnes ou des choses, c'est-à-dire les manières d'être, les qualités, les faits qu'on peut *attribuer* aux personnes ou aux choses désignées par les substantifs ; c'est pour cela qu'on les appelle *attributifs.*

Les autres expriment les modifications des mots ; ils en *déterminent* le genre, le nombre, le sens et les rapports ; c'est pour cela qu'on les nomme *déterminatifs.*

Il y a donc des *modificatifs attributifs* et des *modificatifs déterminatifs.*

Dans cet exemple : *L'homme bon et juste aime et pratique la vertu;* les mots *bon, juste, aime, pratique* sont des attributifs.

Dans cet autre : *La vertu se fortifie sans cesse par les épreuves qu'elle subit pendant la vie;* les mots *la, les, sans, que, elle, par, pendant* sont des déterminatifs.

## § 2.

### Division des attributifs.

Les attributifs expriment les attributs des êtres.

Les attributs des êtres sont des *qualités* ou des *faits.*

Les qualités exprimées par des attributifs sont considérées comme tellement unies aux êtres qu'elles ne font qu'un avec eux; l'être et sa qualité ne sont pas deux choses distinctes; comme *homme* et *sagesse*, ils ne sont qu'une seule chose, l'être qualifié; comme dans cet ex. : *homme sage.*

Aussi les mots qui qualifient les êtres sont-ils toujours joints ou *adjoints* aux substantifs; c'est pour cela qu'on les appelle *adjectifs.* Ex.: *Dieu bon, homme juste.*

Les faits des êtres sont des attributs considérés comme étant en exercice ou en acte dans ces êtres.

On appelle *fait* tout ce qui arrive, tout ce qui s'accomplit, tout ce qui est produit ou éprouvé par un être; et l'on donne le nom de *verbes* aux attributifs qui expriment les faits.

Ces mots *j'aime, tu tombes, il frappe* sont des verbes.

La différence entre les qualités et les faits c'est que les premières sont inhérentes aux êtres, ou du moins y ont une certaine durée; tandis que les faits y sont transitoires; une fois accomplis, ils disparaissent.

Si je dis : *les éclairs sont brillants*, j'exprime une qualité qui leur appartient toujours ; en disant : *l'éclair brille*, j'exprime un fait qui n'a qu'un instant.

Il y a donc deux sortes d'attributifs : les *adjectifs* qui expriment les qualités des êtres, et les *verbes* qui en expriment les faits.

# CHAPITRE XIII.

## § 1.

### De l'adjectif.

L'adjectif est un mot qui, en se joignant au substantif, qualifie la personne ou la chose que le substantif désigne.

Dans ces expressions : *Dieu bon, homme juste, grand roi, soldat courageux*; les mots *bon*, *juste*, *grand*, *courageux* sont des adjectifs, parce qu'ils sont unis à un substantif, non pour exprimer des qualités abstraites, mais des êtres *qualifiés*.

S'ils exprimaient des qualités abstraites, ils ne seraient plus des adjectifs, mais des substantifs ; comme *bonté, justice, grandeur, courage*.

Les adjectifs ne peuvent s'employer seuls ; ils ne jouent un role dans le langage qu'autant qu'ils sont unis à des substantifs.

De son côté le substantif, ne pouvant signifier que la chose en elle-même, a besoin d'un adjectif pour l'exprimer quand elle se présente unie à une qualité.

Ainsi le substantif *Dieu* n'exprime que l'idée de Dieu ; si on veut exprimer l'idée de Dieu considéré dans ses attributs, il faut joindre au substantif *Dieu* les adjectifs *bon, juste, sage, puissant*.

## § 2.

### Degrés des adjectifs.

Les modifications exprimées par les adjectifs sont les unes *absolues*, les autres *progressives*.

Les modifications absolues sont celles qui se présentent toujours au même degré dans les êtres où elles se trouvent, qui ne sont susceptibles ni d'augmentation, ni de diminution. Telles sont les modifications qui consistent dans les positions ou les rapports des êtres; comme *antérieur, postérieur, latéral, voisin*, etc.

Les adjectifs qui expriment ces modifications s'écrivent toujours de la même manière; ils sont invariables comme elles.

Les modifications progressives sont susceptibles d'augmentation et de diminution; elles ont des degrés.

Ces modifications sont celles qui peuvent être appréciées en bien et en mal, en grandeur et en étendue; elles méritent particulièrement le nom de *qualités*.

Les adjectifs qui les expriment s'appellent *qualificatifs*; ils sont aussi susceptibles de degrés, comme *bon, meilleur, excellent, mauvais, pire*, etc.

Les qualités exprimées par les adjectifs qualificatifs peuvent être considérées soit dans un seul être, soit dans plusieurs êtres comparés ensemble.

Considérées dans un seul être, elles sont susceptibles de *plus* et de *moins*; c'est-à-dire qu'elles peuvent se présenter, soit dans leur état ordinaire, soit dans des proportions au-dessus ou au-dessous de cet état ordinaire.

L'adjectif *bon* exprime l'état ordinaire de la qualité; *moins bon*, un dégré inférieur; le *moins bon*, le degré le plus bas; *meilleur*, un degré supérieur; le *meilleur* ou *excellent*, le degré le plus élevé.

Considérées dans plusieurs êtres comparés ensemble,

les qualités peuvent être égales dans tous ces êtres, ou plus grandes dans les unes et plus petites dans les autres.

Comme dans ces exemples : *le Lys est aussi beau que la rose ; la rose est plus belle que le lys ; la rose est la plus belle des fleurs.*

C'est de l'état ordinaire des qualités que l'on part pour établir leurs degrés.

Les qualités ont deux sortes de degrés : les *supérieurs* et les *inférieurs.*

Il y a deux degrés supérieurs et deux degrés inférieurs dans les qualités, sans compter leur état ordinaire.

L'état ordinaire des qualités s'appelle le *positif :* comme *beau, bon, sage.*

Le degré immédiatement au-dessus ou au-dessous de l'état ordinaire s'appelle *comparatif,* parce qu'il résulte généralement d'une comparaison ; comme *meilleur, moins bon, plus beau, plus sage, moins beau, moins sage.*

Le degré le plus haut d'une qualité s'appelle *superlatif,* parce qu'il n'y en a point au-dessus ; *bon* est au *positif ; meilleur* au *comparatif ;* le *meilleur, excellent,* sont au *superlatif.*

Ces degrés sont tantôt *absolus,* tantôt *relatifs :*

*Absolus,* ils ne dépendent d'aucune circonstance et n'admettent aucune restriction, comme *le meilleur cœur, un excellent homme, un ouvrage parfait.*

*Relatifs,* ils admettent des restrictions, le sens qu'ils expriment se modifie selon les mots auxquels ils sont joints : comme *un peu meilleur, un peu moins bon, le meilleur des deux, bien plus sage, beaucoup moins habile, le plus grand homme de son époque.*

Dans la plupart des langues, les degrés des adjectifs se marquent par l'addition d'un certain nombre de lettres à la terminaison de leur état ordinaire ou du degré positif.

Dans le français, ces degrés sont presque toujours exprimés par des mots particuliers joints à l'adjectif : comme *plus, moins, très, fort, extrêmement, infiniment bon, sage, puissant.*

Quelques adjectifs seulement expriment leurs degrés par des mots différents, comme *bon* qui a pour comparatif *meilleur* et pour superlatif *excellent.*

Notre langue a conservé aussi une forme superlative pour certains adjectifs. On dit encore *révérendissime, illustrissime,* pour *très-révérend, très-illustre.* On dit *minime* pour exprimer le plus petit.

Les qualités exprimées par les adjectifs ont chacune leur contraire ; ainsi, *blanc* a *noir, chaud* a *froid, juste* a *injuste, bon* a *méchant.* Il en est de même des degrés de ces qualités ; les degrés supérieurs ont pour opposés les inférieurs.

# CHAPITRE XIV.

## § 1.

### Du genre dans les adjectifs.

Les adjectifs prennent le genre des substantifs auxquels ils sont joints ; voilà pourquoi tout adjectif est également susceptible du genre masculin et du genre féminin.

L'*e* muet caractérise le genre féminin dans les adjectifs.

De là la règle générale : Le genre féminin d'un adjectif se forme en ajoutant un *e* muet au masculin. *Grand* fait au féminin *grande, petit* fait *petite, parfait, parfaite, vrai, vraie,* etc.

2*

Quand le masculin se termine par l'*e* muet, l'adjectif ne change pas au féminin : *fragile, utile, agréable, juste,* etc., s'écrivent de même dans les deux genres.

Les adjectifs terminés au masculin par *el, eil, en, et, on,* comme *habituel, vermeil, chrétien, muet, bon,* forment leur féminin en répétant la consonne qui les termine, et en ajoutant l'*e* muet : *habituelle, vermeille,* etc.

Il en est de même des adjectifs terminés par la lettre *s,* comme *bas, épais, gras, gros,* etc., qui font au féminin *basse, épaisse, grasse, grosse.*

De même encore des adjectifs *sot, nul, gentil,* qui font au féminin *sotte, nulle, gentille,* et *paysan* qui fait *paysanne.*

Les adjectifs *complet, concret, discret, inquiet, réplet, secret* ne doublent pas leur consonne finale au féminin, mais l'*e* qui précède cette consonne prend l'accent grave : *complète, concrète, discrète,* etc.

Il en est de même des adjectifs terminés en *er,* comme *fier, altier,* qui font *fière, altière,* avec un accent grave sur l'*e* pénultième.

*Beau, nouveau, jumeau, fou, mou* font au féminin *belle, nouvelle, jumelle, folle, molle,* parce que le féminin se forme du masculin *bel, fol, mol* qu'on emploie devant une voyelle.

De même le féminin *vieille* se forme du masculin *vieil* usité devant une voyelle ou une *h* muette.

Les adjectifs terminés au masculin par *f* changent cette consonne en *v* : *vif, bref* font *vive, brève.*

Les adjectifs terminés au masculin par *x* changent cette lettre en *s* : *audacieux, courageux* font *audacieuse, courageuse.*

Excepté *doux, faux, préfix* et *roux,* qui font *douce, fausse, préfixe, rousse.*

Les adjectifs terminés en *eur* forment leur féminin de différentes manières.

Les uns changent seulement l'*r* finale en *se*, comme *chanteur, menteur, trompeur*, qui font *chanteuse, menteuse, trompeuse.*

D'autres changent *eur* en *eresse*, comme *vengeur, pécheur, enchanteur*, qui font *vengeresse, pécheresse, enchanteresse.*

D'autres changent *eur* en *rice*, comme *exécuteur, accusateur, conducteur, acteur*, qui font au féminin *exécutrice, accusatrice, conductrice, actrice.*

Cependant tous les adjectifs dont la terminaison est en *érieur*, forment leur féminin selon la règle générale, par la simple addition de l'*e* muet, comme *extérieur, inférieur*, qui font au féminin *extérieure, inférieure.*

*Majeur, mineur, meilleur*, suivent la même règle, ils font au féminin *majeure, mineure, meilleure.*

Le féminin de *serviteur* est *servante.*

Quand les adjectifs expriment des qualités, des habitudes ou des fonctions appartenant particulièrement aux hommes, ils n'ont généralement pas de féminin : tels sont *auteur, professeur, amateur, cabaleur;* tels sont encore *artisan, partisan.*

Les adjectifs terminés en *gu*, comme *ambigu, aigu, exigu, contigu*, forment leur féminin régulièrement, mais en prenant au féminin un tréma sur l'*u : ambigüe, aigüe, exigüe, contigüe.*

*Blanc, franc, frais*, se terminent au féminin par *che; blanche, franche, fraîche.*

*Caduc, turc, public, grec*, se terminent au féminin par *que; caduque, turque. Long, oblong* se terminent par *gue; longue, oblongue.*

Les adjectifs *bénin, malin,* se terminent par *gne; bénigne, maligne,* etc.

*Tiers* fait *tierce, favori* et *coi* se terminent par *te; favorite, coite.*

### § 3.

#### Du nombre des adjectifs.

Les adjectifs participent au nombre des substantifs auxquels ils sont joints.

Pour former le pluriel dans les adjectifs on suit la même règle que dans les substantifs, on ajoute une *s* au singulier. Ex. : *un homme juste, des hommes justes, une femme bonne, des femmes bonnes.*

Les adjectifs terminés au singulier par *s* et *x* ne changent point au pluriel. Ex. : *un bœuf gras, des bœufs gras, un soldat courageux, des soldats courageux.*

Les adjectifs en *eau,* comme *beau, nouveau,* etc., prennent *x* au pluriel, *beaux, nouveaux.*

Les adjectifs terminés en *al* font leur pluriel en *aux,* s'ils sont d'un usage fréquent; comme *brutal, immoral, royal, numéral, original, social.* On dit au pluriel masculin : *brutaux, immoraux, royaux, numéraux,* etc.

Quand les adjectifs en *al* sont d'un usage peu fréquent au pluriel masculin, comme *amical, boréal, fatal, natal,* etc., ils forment leur pluriel selon la règle générale, par la simple addition d'un *s : amicals, fatals,* etc.

# CHAPITRE XV.

### § 1.

#### Du verbe.

Le verbe est un mot qui exprime les modifications des êtres comme étant en acte ou en fait; il exprime des faits.

Les faits se présentent sous deux formes ; tantôt sous une forme abstraite, tantôt sous une forme concrète.

Un fait est sous une forme abstraite, quand on le considère en lui-même, séparément de l'être auquel il peut se joindre.

Sous cette forme le verbe est comme un substantif abstrait. Tels sont tous les infinitifs *aimer, tomber, dormir, frapper,* etc.

Aussi les emploie-t-on comme des substantifs ; on dit : *le boire, le manger, le dormir ; travailler est un devoir ; aimer Dieu est le premier devoir de l'homme.*

Un fait est sous une forme concrète quand il se présente comme uni à une personne, à une chose dont il est l'acte ou la manière d'être en exercice.

Dans ces exemples : *j'aime, tu marches, Dieu punit et récompense,* les verbes *aime, marches, punit, recompense* sont sous une forme concrète, car ils expriment chacun un fait qui ne se sépare pas de l'être auquel il appartient.

Ce n'est plus le fait considéré à part et en lui-même, c'est plutôt l'être considéré dans un fait qui est une de ses modifications : voilà pourquoi, sous cette forme, les verbes comme les adjectifs ne se séparent jamais des substantifs.

La forme concrète est la seule forme verbale, la véritable forme du verbe.

La forme abstraite est une forme substantive.

## § 2.

### Division des Verbes.

Les modifications en acte, les faits des êtres sont de deux sortes : il y a d'abord le fait de l'existence, puis tous les autres faits.

De là deux sortes de verbes : le verbe qui exprime le fait qu'un être est, qu'il existe, comme : *je suis, Dieu est* ; et les verbes qui expriment toutes les manières d'être en acte, tous les autres faits, comme : *j'aime, tu lis, il parle.*

Le fait de l'existence s'exprime en français par deux verbes ; *être* et *exister.*

Cependant le verbe *être* seul forme une classe à part.

On l'appelle verbe *substantif* ou *fondamental,* parce qu'il exprime en effet la condition fondamentale de toutes les autres manières d'être : avant d'être de telle ou telle manière, de faire une chose quelconque, il faut être.

Les autres verbes sont tous compris dans une même classe, celle des verbes *attributifs.*

---

# CHAPITRE XVI.

## Du verbe substantif.

Le verbe *fondamental* ou *substantif* a deux fonctions ; la première est d'exprimer le fait de l'être ou de l'existence, comme : *je suis, Dieu est* ; la seconde est d'unir les substantifs aux adjectifs.

Car non-seulement les êtres sont, existent ; mais ils sont de telle ou telle manière, ils ont des modifications.

Quand les êtres se présentent comme modifiés ou qualifiés, on a besoin de trois mots pour les exprimer : du *substantif* qui exprime l'être, de l'*adjectif* qui en exprime la modification, et du verbe *fondamental* qui unit la modification à l'être.

Ex. : *Dieu est juste.*

Dans ce cas le verbe *est* n'exprime pas le fait de l'existence, il signifie que la qualité exprimée par l'adjectif *juste* est un fait dans *Dieu :* il signifie, non que *Dieu est,* mais qu'*il est juste.*

Alors la fonction du verbe *être* consiste uniquement à lier l'adjectif à son substantif; voilà pourquoi on l'a nommé *copule,* d'un mot latin qui signifie *lien.*

# CHAPITRE XVII.

### § 1.

### Des Verbes attributifs.

Cette classe comprend tous les verbes, excepté le verbe substantif

Les verbes *attributifs* sont ainsi appelés parce qu'ils expriment, d'un seul mot, le fait attribué à un être et le rapport ou le lien qui unit le fait à cet être.

Ex. : *j'aime, tu parles, Dieu a fait le monde.*

Quand une qualité est unie à un être par le verbe fondamental, comme dans : *Dieu est juste,* elle s'exprime par un adjectif qui est distinct du verbe.

Mais s'il s'agit d'un fait exprimé par un verbe attributif, comme dans : *Dieu règne,* ce verbe comprend à la fois le fait de régner et l'union de ce fait avec l'être auquel il appartient; le verbe *règne* exprime le fait de régner et rattache ce fait à Dieu.

Ainsi au lieu de dire : *je suis aimant, je suis souffrant, le soleil est brillant,* on dit : *j'aime, je souffre, le soleil brille.*

*J'aime, je souffre, le soleil brille,* n'ont pas la même signification que *je suis aimant, je suis souffrant, le soleil est brillant.*

*Etre aimant, être souffrant,* c'est avoir une disposition habituelle à aimer, à souffrir. Par cette forme de langage on exprime de simples manières d'être, et non des faits ou des attributs en acte ; car on peut être disposé à *aimer*, à *souffrir*, sans pour cela souffrir ou aimer dans l'instant où l'on parle.

La même différence se remarque entre ces deux phrases : le soleil *brille*, le soleil est *brillant ;* s'il est *brillant* par sa nature, il ne *brille* pas toujours.

Au contraire quand je dis : *j'aime, je souffre, le soleil brille*, j'exprime un fait actuel ; ce n'est plus une simple disposition, une qualité ou un état ordinaire.

On a donc eu tort de prétendre que tous les verbes attributifs peuvent se réduire à de simples adjectifs unis au verbe fondamental.

Tout verbe exprime un fait, tout adjectif une manière d'être, une qualité inhérente à l'être ou qui s'y montre plus ou moins longtemps. Ce sont deux significations différentes ; il n'est pas possible de transformer l'un de ces mots dans l'autre.

## § 2.

### Division des Verbes attributifs.

Les faits exprimés par le verbe sont de deux sortes.

Les uns s'accomplissent dans l'être sans en sortir, comme : *j'existe, Dieu règne;* les autres s'accomplissent par l'être sur lui-même ou sur un autre être, comme : *je me blesse, ils prient Dieu.*

L'être auquel les faits sont attribués comme lui appartenant, l'être qui produit les faits, s'appelle le *sujet* du verbe.

L'être qui reçoit les faits, qui les supporte ou les subit de la part d'un autre être, s'appelle l'*objet* ou le *régime* du verbe.

Dans cette phrase : *César vainquit Pompée, César* est le sujet, *Pompée* est l'objet ou le régime du verbe *vainquit.*

Les verbes qui expriment des faits qui s'accomplissent dans le sujet sans sortir de lui, sans avoir d'*objet* ou de régime, comme : *je pars, tu tombes, il pleut, il tonne,* le soleil *brille,* s'appellent vulgairement verbes *neutres* ou *intransitifs.*

Nous les nommerons verbes *subjectifs,* parce que les faits qu'ils expriment se concentrent dans le sujet.

Les verbes subjectifs sont de deux sortes : les uns sont complets sous le rapport des personnes, les autres *incomplets* ou *unipersonnels.*

Les verbes unipersonnels sont ainsi appelés parce qu'ils ne se rapportent qu'à une des trois personnes du langage, à la troisième du singulier, ou qu'ils ne s'emploient qu'avec cette personne, comme : *il pleut, il neige, il tonne, il vente, il sied, il échet,* etc.

Le mot *il,* qui est leur sujet, désigne quelque chose d'inconnu, à quoi on attribue les faits de *pleuvoir,* de *neiger,* de *tonner.*

La plupart des verbes subjectifs peuvent s'employer sous la forme unipersonnelle, bien qu'ils aient toutes les personnes. Ex. : *il arrive, il convient.*

Les verbes qui expriment des faits produits par le sujet sur un être qui en est l'objet, comme : *j'écris* une lettre, *tu aimes* la vertu, *il bat* son adversaire, *je me frappe, il se blesse,* s'appellent vulgairement verbes *actifs.*

Nous les nommerons verbes *objectifs,* parce que le fait qu'ils expriment porte sur un objet.

Les verbes objectifs sont de deux sortes ; les uns ont un objet direct comme : *j'aime Dieu, il lit un livre ;* les autres n'ont qu'un objet indirect, comme : *je parle à quelqu'un, tu nuis à ton frère.*

Les premiers portent sur leur objet sans intermédiaire ; les autres n'atteignent leur objet que par le moyen d'un autre mot appelé *préposition.*

Il y a donc les verbes *objectifs directs* et les verbes *objectifs indirects.*

Les verbes objectifs directs et indirects se présentent sous deux formes ; tantôt ils sont *transitifs*, tantôt *réfléchis.*

Ils sont *transitifs* quand ils expriment des faits produits par un être sur d'autres êtres.

On les appelle ainsi parce que le fait semble passer du sujet du verbe à son objet qui est distinct du sujet. Ex. : *Dieu récompense le juste ; la flatterie nuit au mérite.*

Ils sont *réfléchis* quand ils expriment des faits produits par un être sur lui-même. Le sujet de ces verbes en est en même temps l'objet, comme : *je me frappe, tu te nuis, il se blesse.*

Les verbes réfléchis signifient souvent la réciprocité.

Il y a réciprocité quand l'action exprimée par le verbe appartient à des êtres qui la produisent l'un sur l'autre, comme dans ces exemples : *Pierre et Paul se louent mutuellement, ces deux hommes s'entredéchirent.*

Cette forme peut s'appeler *réciproque.*

Il y a des verbes qui ne se présentent que sous la forme réfléchie, comme : *se repentir, se souvenir, se battre (contre quelqu'un)*, et qui cependant n'ont pas la signification réfléchie. On ne peut pas dire : *je repens moi, tu souviens toi, il bat soi contre son ennemi.*

La forme réfléchie comprend donc deux sortes de verbes : les verbes objectifs qui prennent souvent la forme réfléchie, et qui en ont le sens ; et les verbes qui n'ont que la forme réfléchie sans en avoir le sens.

Ces derniers ont reçu le nom de verbes *pronominaux*. Dénomination fausse, puisque les noms personnels *je*, *tu*, avec lesquels ils se conjugent, ne sont pas des pronoms, et que d'ailleurs tous les verbes se conjugent avec les prétendus pronoms.

Nous leur conserverons le nom de *verbes réfléchis*.

# CHAPITRE XVIII.

## § 1.

### Des modifications du Verbe.

Les faits exprimés par les verbes dépendent du *sujet* auquel ils sont attribués et du *temps* où ils ont lieu.

De là deux sortes de modifications dans les verbes : celles qui dépendent du sujet et celles qui dépendent du temps ; les modifications *subjectives* et les modifications *temporelles*.

## § 2.

### Des modifications subjectives.

Les modifications qui dépendent du sujet du verbe sont de deux sortes : les unes proviennent du rôle que joue le sujet, les autres de la manière dont le fait qu'exprime le verbe est envisagé par l'esprit.

On distingue deux rôles dans le sujet des verbes : il y a d'abord le rôle que le sujet joue comme étant l'une des personnes du langage, et qui produit dans le verbe des modifications *personnelles* ; il y a ensuite le rôle que joue le sujet dans le fait exprimé par le verbe, et qui produit des modifications appelées *voix*.

## § 3.

### Des modifications personnelles ou des personnes et des nombres dans le Verbe.

Le verbe dépend du sujet; il doit donc en subir toutes les modifications.

Le sujet se modifie selon les personnes du langage.

Il y a dans le langage trois personnes; le verbe doit donc se modifier selon ces trois personnes.

Les trois personnes du langage s'expriment par les noms personnels *je*, *tu*, *il*.

Dans les verbes, elles sont généralement indiquées par des terminaisons différentes. Ex. : j'*aimer-ai*, tu *aimer-as*, il *aimer-a*.

Les trois personnes du langage participent aux deux nombres; le verbe doit donc se modifier selon ces nombres.

Voilà pourquoi on retrouve dans tous les verbes le *singulier* et le *pluriel* : le *singulier* quand le nom dont le verbe dépend ne désigne qu'un seul être; le *pluriel* quand ce nom désigne plusieurs êtres ou plusieurs choses.

Chacun des nombres renferme les trois personnes, car ces trois personnes sont aussi bien du singulier que du pluriel.

Ainsi, on dit au singulier : j'*aime*, tu *aimes*, il *aime*, comme on dit au pluriel : nous *aimons*, vous *aimez*, ils *aiment*.

## § 4.

### Des voix.

Les voix du verbe sont des modifications produites par le rôle que joue le sujet dans le fait exprimé par le verbe.

Ce rôle est de deux sortes :

Tantôt le sujet accomplit le fait, il en est l'auteur ; tantôt c'est sur lui que le fait s'accomplit, il le subit. Dans le premier cas le sujet est *actif*. Ex. : *Je frappe ;* dans le second *passif*. Ex. : *Je suis frappé.*

Quand le sujet est *actif,* le verbe qui exprime le fait est à *la voix active,* comme il est à *la voix passive* lorsque le sujet est *passif.*

Il y a donc dans les verbes la *voix active* et la *voix passive.*

Mais les verbes objectifs directs ont seuls ces deux voix.

Les verbes objectifs indirects et les verbes subjectifs n'ont que la voix active.

---

# CHAPITRE XIX.

### Des modes.

Les modes sont les changements que subit le verbe, pour exprimer le fait selon la manière dont il est envisagé par l'esprit.

Il y a dans les verbes deux modes principaux :

Le mode *déterminé, définitif* ou *concret,* et le mode *indéterminé, infinitif* ou *abstrait.*

Le mode *déterminé* ou *définitif* renferme non seulement le fait exprimé par le verbe, mais encore le rapport de ce fait avec l'être auquel il appartient ; il détermine le fait tout en l'unissant à son sujet , comme : j'*aime,* tu *aimes,* il *aime.*

Le mode *indéterminé* ou *infinitif* exprime le fait en général et d'une manière abstraite sans déterminer à quel être il se rapporte, comme : *aimer, avoir aimé , aimant.*

Le premier mode s'appelle *définitif,* car il définit, il

détermine le verbe ; le second mode se nomme *infinitif*, car il ne définit point, il ne détermine pas.

Le mode *définitif* se subdivise en deux modes : l'un est *absolu*, l'autre *relatif*.

Dans le mode absolu le verbe exprime le fait sans condition et ne dépend d'aucun antécédent, comme : *j'aime, j'ai aimé, j'aimerai, aimons.*

Ce mode est *indicatif* quand le verbe se borne à exprimer le fait, à l'exposer, à le constater. Ex. : *j'aime, j'aimerai, tu as aimé.*

Il est *impératif* lorsque le verbe exprime le fait sous la forme de la demande ou du commandement, comme quand on dit : *aime, aimons, aimez; aidez-moi.*

Le mode relatif est aussi de deux sortes : *conditionnel* et *subjonctif*.

Dans le *conditionnel*, le verbe est soumis à une condition, comme quand on dit : *j'aimerais, j'eusse aimé si.....*

Le mode *subjonctif* est ainsi appelé, parce que le fait exprimé par le verbe y est subordonné ou joint à un désir, à une volonté, à une obligation précédemment exprimée. Ex. : *il faut que j'aime, on voulait que j'aimasse.*

Le mode indéterminé ou infinitif comprend deux modes : l'*infinitif absolu* et l'*infinitif participe*.

L'infinitif *absolu* exprime le fait en lui-même sans aucun rapport de temps ou de personnes, c'est-à-dire d'une manière complétement abstraite. Tels sont les infinitifs *aimer, parler, lire, écrire, recevoir, vouloir, dormir, souffrir.*

Cet infinitif s'appelle à tort infinitif présent, car il peut s'employer indifféremment aux trois temps, passé, présent et futur.

Le participe est ainsi appelé parce qu'il *participe* de la nature du verbe; il exprime un fait comme le verbe d'où il vient, tout en ayant la forme ou pouvant remplir la fonction d'une autre espèce de mot. Tels sont les participes *aimant, lisant, finissant; aimé, lu, fini.*

On distingue deux sortes de participes.

Le *participe présent, aimant, finissant*, qu'on appelle ainsi parce qu'il exprime le fait comme s'accomplissant présentement ou comme étant présent par rapport à un autre fait auquel on le rattache. Ex. je vous vois *lisant*, je vous ai vu *lisant.*

Le *participe passé, aimé, fini*, ainsi nommé parce qu'il exprime le fait comme étant accompli, comme passé. Ex. : j'ai *aimé*, vous avez *fini.*

Ces deux participes conservent la nature du verbe, et s'ils viennent d'un verbe objectif, ils ont souvent un régime sur lequel porte leur action.

Ainsi on dit : *Aimant Dieu, lisant un livre; j'ai aimé Dieu, j'ai lu ce livre.*

Chacun de ces deux participes sert à former un adjectif qui lui ressemble.

Du participe *aimant* on a formé l'adjectif *aimant, aimante*. On dit : un homme *aimant*, une femme *aimante*, pour indiquer la *disposition* à aimer.

Du participe *aimé* on a formé l'adjectif *aimé, aimée.*

On dit d'un homme : il est *aimé;* d'une femme : elle est *aimée*, exprimant ainsi une *manière d'être* de l'homme et de la femme.

Deux choses distinguent ces adjectifs des participes d'où ils viennent.

1° Les participes expriment des faits ou des actes, tandis que les adjectifs n'expriment que des dispositions, des qualités, des manières d'être.

2º Les participes restent invariables, quels que soient les mots auxquels ils sont joints; tandis que les adjectifs s'accordent toujours avec les substantifs auxquels ils se rapportent.

C'est à tort qu'on appelle ces adjectifs des participes. Ils ne participent du verbe que parce qu'ils en sont dérivés, mais ils n'en conservent ni la nature ni les fonctions; ils sont sous tous les rapports de véritables adjectifs.

Il faut donc les appeler *participes adjectifs* ou mieux *adjectifs verbaux*, pour indiquer à la fois leur nature et leur origine.

Le participe présent *aimant*, *finissant*, ne remplit qu'une seule fonction, celle de verbe; comme le verbe, il exprime un fait et peut avoir un objet ou régime.

On pourrait l'appeler *participe-verbal*, c'est-à-dire participe qui joue toujours le rôle du verbe.

Le participe passé comme *aimé*, *fini*, remplit deux fonctions, celle de verbe et celle de substantif.

En effet, si, comme verbe, il a un objet ou régime, il est à son tour le régime d'un verbe, du verbe *avoir* qui lui est toujours uni. Dans : *J'ai aimé*, *j'ai vaincu*, les participes *aimé*, *vaincu* sont régimes de *j'ai*, comme s'ils étaient de véritables substantifs.

Ce participe pourrait s'appeler *participe-substantif*.

En résumé, nous avons deux sortes de participes :

1º Le participe véritable qui se divise en *participe présent* ou *verbal*, et *participe passé* ou *substantif*.

2º Le participe adjectif, improprement appelé participe, qui se divise également en deux; l'un dérivé du participe présent, l'autre du participe passé, et qu'on devrait appeler *adjectifs verbaux*.

# CHAPITRE XX.

## § 1.

**Modifications temporelles ou temps des Verbes.**

Les temps des verbes sont les divisions de la durée auxquelles se rapportent les faits que les verbes expriment.

Les différents temps des verbes se distinguent par leur rapport avec la personne qui parle.

Il y a d'abord le *temps présent*, qui est le temps où se place celui qui parle et auquel il rapporte les faits exprimés par les verbes dont il se sert.

Le présent est de deux sortes : le présent *absolu* qui n'est qu'un instant indivisible, et le présent *conventionnel* qui consiste dans une période de plusieurs instants qu'on regarde comme également présents.

Ainsi, on dit au présent : *je ne fais rien à cette heure, aujourd'hui, ce mois, cette année*, comme on dirait : *je ne fais rien en ce moment*.

Ensuite il y a le temps qui n'est plus ou qui n'est pas encore présent par rapport à celui parle, c'est-à-dire le temps *passé*, comme *j'ai aimé, nous partîmes*, et le temps *futur*, comme *j'aimerai, nous partirons*.

Le passé est la durée écoulée; elle se perd dans l'infini.

Le futur est la durée à venir, celle qui n'a pas été et qui n'est point encore ; elle se perd aussi dans l'infini : voilà pourquoi le futur et le passé se composent d'une infinité d'instants successifs.

Le présent ne se divisant point, il n'y a qu'une manière de l'exprimer.

Mais le passé et le futur se divisant en une infinité d'instants, il doit y avoir plusieurs manières d'exprimer le futur et le passé.

Les langues ne pourraient exprimer tous ces instants, et il suffit pour les besoins de l'esprit humain qu'on en exprime quelques-uns.

C'est pour cela qu'on divise le temps passé et le temps futur en un très-petit nombre de points.

Le temps passé en a plus que le futur, parce qu'il est mieux connu.

§ 2.

### Division du temps passé.

Le temps passé est de deux sortes : le passé *absolu* et le passé *relatif*.

Le passé absolu est le temps d'un fait entièrement accompli et considéré en lui-même, sans rapport avec d'autres faits, comme dans ces exemples : *j'ai aimé, j'ai lu, je fis, je parlai.*

Le passé absolu est double.

Il y a le passé indéfini qui est le temps d'un fait accompli, mais qui peut l'être depuis peu, comme *j'ai aimé, j'ai lu.*

Et le passé *défini* qui embrasse les faits accomplis depuis un certain temps, comme *je lus ce livre, je fis ce voyage l'année dernière.*

Le passé *relatif* est le temps d'un fait passé que l'on considère en rapport avec d'autres faits.

Ce fait peut être par rapport à eux soit *présent*, soit *passé*.

S'il est présent par rapport à eux, ce fait retient une partie de l'idée du présent, il n'est pas tout-à-fait passé, il ne l'est qu'imparfaitement; de là son nom d'*imparfait*. Ex. : *Je lisais cette lettre quand vous entriez : je lisais*; l'action n'était point entièrement faite, elle était encore présente au moment où *vous entriez*.

Si ce fait est passé par rapport à des faits accomplis auxquels il se rattache, il prend un double caractère de passé ; de là son nom de *plus que parfait*.

Le *plus que parfait*, ou le passé doublement *parfait*, exprime donc une action qui était déjà faite, quand s'en faisait une autre déjà passée elle-même, comme : *J'avais lu ce livre quand on est venu m'avertir. J'eus fini mon discours avant son arrivée.*

Le plus que parfait a deux formes, la forme qui retient le nom de *plus que parfait*, comme *j'avais aimé, j'avais fini*, et une autre, comme *j'eus aimé, j'eus fini*, qu'on appelle *parfait antérieur*.

## § 3.

### Division du temps futur.

Le futur est le temps des faits qui doivent être, mais qui ne sont pas encore.

Le futur est aussi de deux sortes ; le futur *simple* ou *absolu*, et le futur *relatif* ou *passé*.

Le futur *absolu* est le temps d'un fait à venir considéré en lui-même et sans rapport avec d'autres faits, comme *j'aimerai, je lirai*.

Le futur *relatif* ou *passé* est le temps d'un fait qui doit avoir lieu avant un autre fait auquel on le rapporte. Ex. : *j'aurai fini avant votre départ*.

Dans cet exemple, bien que le fait soit futur relativement à la personne qui parle, il est passé par rapport au fait qui n'arrivera qu'après lui. *J'aurai fini* est un futur pour moi qui parle ; c'est un passé pour le fait de *votre départ*, qui n'aura lieu qu'après que *j'aurai fini*.

Les deux mots : *j'aurai fini* expriment déjà par eux-mêmes la double idée du futur et du passé : *j'aurai* signifie le futur, *fini* est un participe passé qui indique un fait accompli.

Résumé. Telles sont les différentes modifications que le verbe doit subir pour exprimer complétement la pensée à laquelle il correspond : modifications de *voix*, de *modes*, de *temps*, de *nombres* et de *personnes*.

Les personnes sont renfermées dans les nombres, les nombres dans les temps, les temps dans les modes, et les modes dans les voix.

Ainsi la voix active et la voix passive comprennent toutes les autres modifications du verbe.

Chacun des modes embrasse tous les temps, le présent, le passé et le futur.

Chaque temps comprend les deux nombres, le singulier et le pluriel, et chacun des nombres renferme les trois personnes du langage.

# CHAPITRE XXI.

## § 1.

### Des Verbes auxiliaires.

On appelle verbes *auxiliaires* ceux qu'on emploie pour donner aux autres verbes les modifications qui leur manquent, et qu'ils ne peuvent tirer d'eux-mêmes.

En français les verbes manquent de la *voix passive* toute entière, et de tous les *temps passés* de la *voix active*, excepté l'*imparfait* et le *passé défini*.

Pour former la voix et les temps qui leur manquent, ils sont obligés de recourir aux verbes auxiliaires.

Nous avons deux verbes auxiliaires; le verbe *avoir*, qu'on appelle *possessif*, parce qu'il exprime une idée de possession, et le verbe substantif *être*.

Le verbe *avoir* est l'auxiliaire, pour les temps passés, de tous les verbes objectifs, et d'un grand nombre de verbes subjectifs. Il est l'auxiliaire du verbe *être*, il l'est de lui-même. On dit : *j'ai eu*, comme on dit : *j'ai aimé, j'ai été*, etc.

Le verbe auxiliaire *être* sert à former la voix passive toute entière : *Je suis aimé, j'étais aimé, je serai aimé*, etc.

Il sert aussi à composer les temps passés à la voix active, 1º d'un grand nombre de verbes subjectifs, comme : *je suis tombé, je suis venu, il est parti.*

2º De tous les verbes qui sont sous la forme réfléchie : je me suis *frappé, flatté, blessé, repenti, souvenu;* ou sous la forme réciproque : *ils se sont embrassés, serré la main, parlé, vus.*

Cependant on peut dire que le verbe *avoir* est l'auxiliaire spécial de la voix active, tandis que le verbe *être* est l'auxiliaire particulier de la voix passive, et qu'il ne s'emploie à la voix active qu'accidentellement.

Pour former les temps passés de la voix active l'auxiliaire *avoir* se joint au participe passé du verbe qu'il faut compléter.

Ce participe passé *participe* alors à une double nature et joue deux rôles : il est substantif, puisqu'il remplit la fonction de régime du verbe *avoir*; il est verbe, puisqu'il peut avoir lui-même un régime.

Dans cette phrase : *j'ai aimé Dieu*, le participe *aimé* est le régime du verbe *j'ai*, en même temps qu'il a pour régime le substantif *Dieu.*

Ce participe est verbe, car il exprime un fait qui porte sur un objet : il est substantif, car il est lui-même l'objet ou le régime d'un verbe.

Pour former la voix passive de tous les verbes qui

peuvent s'employer à cette voix, l'auxiliaire *être* se joint au participe *adjectif*, c'est-à-dire à l'*adjectif verbal passé* : *je suis aimé, sa lettre sera lue.*

Ce participe adjectif exprime une manière d'être comme tout autre adjectif, et le verbe *être* qui s'y joint n'a d'autre fonction que de l'unir au sujet auquel il se rapporte et avec lequel il doit s'accorder en genre et en nombre.

Ainsi on dit : *Dieu est aimé* et *la vertu est aimée, nous sommes aimés, ces fleurs sont desséchées.*

Quand le verbe *être* est l'auxiliaire des verbes subjectifs, c'est encore avec le participe adjectif de ces verbes qu'il s'unit; et ces participes s'accordent avec leur sujet, comme le font les adjectifs. On dit : *il est venu, tombé,* si on parle d'un homme ; *elle est venue, tombée,* si on parle d'une femme.

De même dans tous les verbes qui n'ont que la forme réfléchie : *il s'est repenti, elle s'est repentie.*

Le verbe auxiliaire *être* ne s'unit au participe substantif que dans les verbes réfléchis dont le régime est indirect. Alors il joue le rôle du verbe *avoir,* et le participe est invariable comme s'il était joint au verbe avoir. Ex. : *Nous nous sommes parlé, ils se sont nui,* pour : *nous avons parlé à nous, ils ont nui à eux.*

---

# CHAPITRE XXII.

## § 1.

### De la Conjugaison.

*Conjuguer* un verbe c'est le prononcer ou l'écrire avec toutes les modifications dont il est susceptible.

Chacune des voix comprenant toutes les autres modifications, il faut avant tout placer le verbe à la voix qui lui convient. On le place ensuite au mode, puis au temps, puis au nombre, puis enfin à la personne où il doit être.

La voix active doit être placée avant la voix passive.

Les différents modes se placent, relativement les uns aux autres, dans l'ordre suivant :

Les modes définitifs avant les infinitifs.

Des deux modes définitifs, l'absolu passe avant le relatif; et des deux modes absolus, l'indicatif précède l'impératif.

Des deux modes relatifs le conditionnel se place avant le subjonctif.

Des deux modes infinitifs, l'absolu précède le participe.

Les temps compris dans chaque mode se placent :

Le présent avant le passé,

Le passé avant le futur; et les temps passés selon qu'ils sont plus ou moins passés.

Des deux nombres, le singulier précède le pluriel, et les trois personnes se placent comme l'indique leur n° d'ordre.

§ 2.

### Du radical et de la terminaison.

Les verbes ont deux parties distinctes : le *radical* et la *terminaison*. Dans cet ex.: *aimer, aimant, aimons,* le radical est *aim.*, la terminaison est *er, ant, ons.*

Le radical du verbe se compose des sons ou des lettres qui forment comme la racine ou la substance des verbes, et qui ne varient dans aucun cas.

La terminaison se compose des sons ou des lettres qui représentent les différentes modifications des verbes et qui varient selon ces modifications; c'est-à-dire selon les voix, les modes, les temps, les nombres et les personnes.

Chaque verbe a son radical propre, auquel est attachée l'idée particulière que le verbe exprime : *aimer*, *parler*, *finir*, *recevoir*, *rendre*, ont chacun leur radical; celui d'*aimer* est *aim.*, celui de *parler* est *parl.*, de *finir* est *fin.*, de *rendre* est *rend.*, etc.

Mais chaque verbe n'a pas ses terminaisons particulières; autrement il y aurait autant de conjugaisons différentes que de verbes, ce qui rendrait presque impossible l'art de conjuguer.

Les terminaisons ne varient que selon les modifications communes à tous les verbes; c'est-à-dire selon les personnes, les nombres, les temps, les modes et les voix, et selon les différentes classes entre lesquelles on divise les verbes pour les conjuguer.

## § 3.

### Différentes Conjugaisons.

Pour conjuguer les verbes, on les divise en quatre classes, qui se distinguent par la terminaison de l'infinitif absolu.

La 1re classe comprend les verbes dont l'infinitif est terminé par *er*, comme *aimer*, *marcher*, *parler*, *frapper*, etc.

La 2e les verbes dont l'infinitif est terminé par *ir*, comme *finir*, *ouvrir*, *courir*, etc.

La 3e les verbes terminés en *oir*, comme *recevoir*, *concevoir*, *mouvoir*, etc.

La 4e les verbes terminés en *re*, comme *rendre*, *lire*, *faire*, etc.

A l'exception des verbes irréguliers, tous les verbes dont l'infinitif est terminé par les mêmes lettres ont les mêmes terminaisons dans les mêmes modes, temps, nombres et personnes.

# CHAPITRE XXIII.

## § 1.

### Modèles de Conjugaison.

On appelle modèles de conjugaisons certains verbes réguliers, que l'on conjugue dans tous leurs modes, temps, nombres et personnes, pour servir de modèles à la conjugaison des autres verbes de la même classe.

Les verbes auxiliaires étant nécessaires pour conjuguer les autres, c'est par eux qu'il faut commencer; et comme le verbe auxiliaire *avoir* est le plus fréquemment employé, c'est lui qui doit être conjugué le premier.

## § 2.

### CONJUGAISON DES VERBES AUXILIAIRES.

#### VERBE *AVOIR.*

### Modes définitifs.

| INDICATIF. | Passé indéfini. |
|---|---|
| **Présent.** | |
| J'ai | J'ai eu |
| Tu as | Tu as eu |
| Il *ou* elle a. | Il *ou* elle a eu. |
| Nous avons | Nous avons eu |
| Vous avez | Vous avez eu |
| Ils *ou* elles ont. | Ils *ou* elles ont eu. |
| **Passé imparfait.** | **Passé défini.** |
| J'avais | J'eus |
| Tu avais | Tu eus |
| Il *ou* elle avait. | Il *ou* elle eut. |
| Nous avions | Nous cûmes |
| Vous aviez | Vous cûtes |
| Ils *ou* elles avaient. | Ils *ou* elles eurent. |

**Passé antérieur.**

J'eus eu
Tu eus eu
Il *ou* elle eut eu.
Nous eûmes eu
Vous eûtes eu
Ils *ou* elles eurent eu.

**Plus que parfait.**

J'avais eu
Tu avais eu
Il *ou* elle avait eu.
Nous avions eu
Vous aviez eu
Ils *ou* elles avaient eu.

**Futur absolu.**

J'aurai
Tu auras
Il *ou* elle aura.
Nous aurons
Vous aurez
Ils *ou* elles auront.

**Futur relatif ou Passé.**

J'aurai eu
Tu auras eu
Il *ou* elle aura eu.
Nous aurons eu
Vous aurez eu
Ils *ou* elles auront eu.

IMPÉRATIF.

**Présent et futur.**

Aie
Ayons
Ayez.

**Passé.**

Aie eu
Ayons eu
Ayez eu.

CONDITIONNEL.

**Présent et futur.**

J'aurais
Tu aurais
Il *ou* elle aurait.
Nous aurions
Vous auriez
Ils *ou* elles auraient.

**Passé.**

J'aurais eu
Tu aurais eu
Il *ou* elle aurait eu.
Nous aurions eu
Vous auriez eu
Ils *ou* elles auraient eu.

**Plus que parfait.**

J'eusse eu
Tu eusses eu
Il *ou* elle eut eu.
Nous eussions eu
Vous eussiez eu
Ils *ou* elles eussent eu.

SUBJONCTIF.

**Présent.**

Que j'aie
Que tu aies
Qu'il *ou* qu'elle ait.
Que nous ayons
Que vous ayez
Qu'ils *ou* qu'elles aient.

**Imparfait.**

Que j'eusse
Que tu eusses
Qu'il *ou* qu'elle eût.
Que nous eussions
Que vous eussiez
Qu'ils *ou* qu'elles eussent.

**Passé.**

Que j'aie eu
Que tu aies eu
Qu'il *ou* qu'elle ait eu.
Que nous ayons eu
Que vous ayez eu
Qu'ils *ou* qu'elles aient eu.

**Plus que parfait.**

Que j'eusse eu
Que tu eusses eu
Qu'il *ou* qu'elle eût eu.
Que nous eussions eu
Que vous eussiez eu
Qu'ils *ou* qu'elles eussent eu.

**Modes infinitifs.**

**Infinitif absolu.**

Avoir.

**Infinitif passé.**

Avoir eu.

**Participe présent.**

Ayant.

**Participe passé.**

Eu.

**Adjectif verbal.**

Eu , eue.

## § 3.

## VERBE *ÊTRE.*

**Modes définitifs.**

INDICATIF.

**Présent.**

Je suis
Tu és
Il *ou* elle est.
Nous sommes
Vous êtes
Ils *ou* elles sont.

**Passé imparfait.**

J'étais
Tu étais
Il *ou* elle était.
Nous étions
Vous étiez
Ils *ou* elles étaient.

**Passé indéfini.**

J'ai été
Tu as été
Il *ou* elle a été.

Nous avons été
Vous avez été
Ils *ou* elles ont été.

**Passé défini.**

Je fus
Tu fus
Il *ou* elle fut.
Nous fûmes
Vous fûtes
Ils *ou* elles furent.

**Passé antérieur.**

J'eus été
Tu eus été
Il *ou* elle eut été.
Nous eûmes été
Vous eûtes été
Ils *ou* elles eurent été.

**Plus que parfait.**

J'avais été
Tu avais été
Il *ou* elle avait été.
Nous avions été
Vous aviez été
Ils *ou* elles avaient été.

**Futur absolu.**

Je serai
Tu seras
Il *ou* elle sera.
Nous serons
Vous serez
Ils *ou* elles seront.

**Futur relatif ou passé.**

J'aurai été
Tu auras été
Il *ou* elle aura été.
Nous aurons été
Vous aurez été
Ils *ou* elles auront été.

### IMPÉRATIF.

**Présent et futur.**

Sois
Soyons
Soyez.

**Passé.**

Aie été
Ayons été
Ayez été.

### CONDITIONNEL.

**Présent et futur.**

Je serais
Tu serais
Il *ou* elle serait.
Nous serions
Vous seriez
Ils *ou* elles seraient.

**Passé.**

J'aurais été
Tu aurais été
Il *ou* elle aurait été.
Nous aurions été
Vous auriez été
Ils *ou* elles auraient été.

**Plus que parfait.**

J'eusse été
Tu eusses été
Il *ou* elle eut été.
Nous eussions été
Vous eussiez été
Ils *ou* elles eussent été.

### SUBJONCTIF.

**Présent.**

Que je sois
Que tu sois
Qu'il *ou* qu'elle soit.
Que nous soyons
Que vous soyez
Qu'ils *ou* qu'elles soient.

**Imparfait.**

Que je fusse
Que tu fusses
Qu'il *ou* qu'elle fût.
Que nous fussions
Que vous fussiez
Qu'ils *ou* qu'elles fussent.

**Passé.**

Que j'aie été
Que tu aies été
Qu'il *ou* qu'elle ait été.
Que nous ayons été
Que vous ayez été
Qu'ils *ou* qu'elles aient été

**Plus que parfait.**

Que j'eusse été
Que tu eusses été
Qu'il *ou* qu'elle eût été.
Que nous eussions été
Que vous eussiez été
Qu'ils *ou* qu'elles eussent
  été.

**Modes infinitifs.**

**Infinitif absolu.**

Etre.

**Passé.**

Avoir été.

**Participe présent.**

Etant.

**Participe passé.**

Eté.

---

# MODÈLE DES QUATRE CONJUGAISONS.

## Ire CONJUGAISON TERMINÉE EN *ER*.

### *Aimer.*

**Modes définitifs.**

INDICATIF.

**Présent.**

J'aime
Tu aimes
Il *ou* elle aime.
Nous aimons
Vous aimez
Ils *ou* elles aiment.

**Passé imparfait.**

J'aimais
Tu aimais
Il *ou* elle aimait.
Nous aimions
Vous aimiez
Ils *ou* elles aimaient.

**Passé indéfini.**

J'ai aimé
Tu as aimé
Il *ou* elle a aimé.
Nous avons aimé
Vous avez aimé
Ils *ou* elles ont aimé.

**Passé défini.**

J'aimai
Tu aimas
Il *ou* elle aima.
Nous aimâmes
Vous aimâtes
Ils *ou* elles aimèrent.

**Passé antérieur.**

J'eus aimé
Tu eus aimé
Il *ou* elle eut aimé.
Nous eûmes aimé
Vous eûtes aimé
Ils *ou* elles eurent aimé.

**Plus que parfait.**

J'avais aimé
Tu avais aimé
Il *ou* elle avait aimé.
Nous avions aimé
Vous aviez aimé
Ils *ou* elles avaient aimé.

| | |
|---|---|
| **Futur absolu.** | **Plus que parfait.** |

<table>
<tr><td>

**Futur absolu.**

J'aimerai
Tu aimeras
Il *ou* elle aimera.
Nous aimerons
Vous aimerez
Ils *ou* elles aimeront.

**Futur relatif passé.**

J'aurai aimé
Tu auras aimé
Il *ou* elle aura aimé.
Nous aurons aimé
Vous aurez aimé
Ils *ou* elles auront aimé.

### IMPÉRATIF.

**Présent et futur.**

Aime
Aimons
Aimez.

**Passé.**

Aie aimé
Ayons aimé
Ayez aimé.

### CONDITIONNEL.

**Présent et futur.**

J'aimerais
Tu aimerais
1 *ou* elle aimerait.
Nous aimerions
Vous aimeriez
Ils *ou* elles aimeraient.

**Passé.**

J'aurais aimé
Tu aurais aimé
Il *ou* elle aurait aimé.
Nous aurions aimé
Vous auriez aimé
Ils *ou* elles auraient aimé.

</td><td>

**Plus que parfait.**

J'eusse aimé
Tu eusses aimé
Il *ou* elle eut aimé.
Nous eussions aimé
Vous eussiez aimé
Ils *ou* elles eussent aimé.

### SUBJONCTIF.

**Présent.**

Que j'aime
Que tu aimes
Qu'il *ou* qu'elle aime.
Que nous aimions
Que vous aimiez
Qu'ils *ou* qu'elles aiment.

**Imparfait.**

Que j'aimasse
Que tu aimasses
Qu'il *ou* qu'elle aimât.
Que nous aimassions
Que vous aimassiez
Qu'ils *ou* qu'elles aimassent.

**Passé.**

Que j'aie aimé
Que tu aies aimé
Qu'il *ou* qu'elle ait aimé.
Que nous ayons aimé
Que vous ayez aimé
Qu'ils *ou* qu'elles aient aimé.

**Plus que parfait.**

Que j'eusse aimé
Que tu eusses aimé
Qu'il *ou* qu'elle eût aimé.
Que nous eussions aimé
Que vous eussiez aimé
Qu'ils *ou* qu'elles eussent
  aimé.

</td></tr>
</table>

| **Modes infinitifs.** | **Participe présent.** |
| --- | --- |
| | Aimant. |
| **Infinitif absolu.** | **Participe passé.** |
| Aimer. | Aimé. |
| | **Adjectifs verbaux.** |
| **Infinitif passé.** | Aimant, aimante ; aimé, ai- |
| Avoir aimé. | mée. |

**Observations sur les Verbes de la 1re conjugaison.**

Dans les verbes terminés à l'infinitif par *cer* ou par *ger*, la prononciation du *c* et du *g* ne change en aucun cas, elle reste toujours douce.

Voilà pourquoi, lorsque ces lettres doivent être suivies de *a* ou *o*, on place une cédille sous le *ç* et un *e* muet après le *g*.

Ex. : *Avancer. Nous avançons.*

*Effacer. Nous effaçons ; nous effaçâmes.*

*Tracer. Je traçai ; tu traças.*

*Manger. Je mange, nous mangeons.*

*Songer. Je songeais, tu songeas.*

*Voyager. Je voyageais ; nous voyageâmes.*

Les verbes dont l'avant dernière syllabe renferme un *e* muet, comme *enlever, promener*, ou un *é* fermé, comme *espérer, préférer,* changent cet *e* muet ou fermé en *è* ouvert lorsque la syllabe suivante est muette.

*Enlever. J'enlève, nous enlèverions.*

*Mener. Je mène, nous mènerions.*

*Préférer. Je préfère, nous préférerions.*

Cependant les verbes en *ger* conservent leur *é* fermé dans tous les cas.

*Protéger. Je protége ; il protégera.*

*Abréger. J'abrége ; nous abrégerions.*

Les verbes terminés en *eler*, *eter*, comme *appeler, acheter, jeter,* doublent les consonnes *l* et *t* devant un *e* muet : *J'appelle ; j'achette ; nous jetterions.*

Si les consonnes *l*, *t* sont précédées d'un *é* fermé, elles ne se doublent pas, mais l'*é* fermé se change en *è* ouvert. Ex. : *Céler, je cèle ; végéter, je végète.*

---

## 2e CONJUGAISON TERMINÉE EN *IR*.

### *Finir.*

#### Modes définitifs..

**INDICATIF.**

**Présent.**

Je finis
Tu finis
Il *ou* elle finit.
Nous finissons
Vous finissez
Ils *ou* elles finissent.

**Imparfait.**

Je finissais
Tu finissais
Il *ou* elle finissait.
Nous finissions
Vous finissiez
Ils *ou* elles finissaient.

**Passé indéfini.**

J'ai fini
Tu as fini
Il *ou* elle a fini.
Nous avons fini
Vous avez fini
Ils *ou* elles ont fini.

**Passé défini.**

Je finis
Tu finis
Il *ou* elle finit.
Nous finîmes
Vous finîtes
Ils *ou* elles finirent.

**Passé antérieur.**

J'eus fini
Tu eus fini
Il *ou* elle eut fini.
Nous eûmes fini
Vous eûtes fini
Ils *ou* elles eurent fini.

**Plus que parfait.**

J'avais fini
Tu avais fini
Il *ou* elle avait fini.
Nous avions fini
Vous aviez fini
Ils *ou* elles avaient fini.

**Futur absolu.**

Je finirai
Tu finiras
Il *ou* elle finira.
Nous finirons
Vous finirez
Ils *ou* elles finiront.

**Futur relatif passé.**

J'aurai fini
Tu auras fini
Il *ou* elle aura fini.
Nous aurons fini
Vous aurez fini
Ils *ou* elles auront fini.

IMPÉRATIF.

**Présent et futur.**

Finis
Finissons
Finissez.

**Passé.**

Aie fini
Ayons fini
Ayez fini.

CONDITIONNEL.

**Présent et futur.**

Je finirais
Tu finirais
Il *ou* elle finirait.
Nous finirions
Vous finiriez
Ils *ou* elles finiraient.

**Passé.**

J'aurais fini
Tu aurais fini
Il *ou* elle aurait fini.
Nous aurions fini
Vous auriez fini
Ils *ou* elles auraient fini.

**Plus que parfait.**

J'eusse fini
Tu eusses fini
Il *ou* elle eut fini.
Nous eussions fini
Vous eussiez fini
Ils *ou* elles eussent fini.

SUBJONCTIF.

**Présent.**

Que je finisse
Que tu finisses
Qu'il *ou* qu'elle finisse.
Que nous finissions

Que vous finissiez
Qu'ils *ou* qu'elles finissent.

**Imparfait.**

Que je finisse
Que tu finisses
Qu'il *ou* qu'elle finît.
Que nous finissions
Que vous finissiez
Qu'ils *ou* qu'elles finissent.

**Passé.**

Que j'aie fini
Que tu aies fini
Qu'il *ou* qu'elle ait fini.
Que nous ayons fini
Que vous ayez fini
Qu'ils *ou* qu'elles aient fini.

**Plus que parfait.**

Que j'eusse fini
Que tu eusses fini
Qu'il *ou* qu'elle eût fini.
Que nous eussions fini
Que vous eussiez fini
Qu'ils *ou* qu'elles eussent
fini.

**Modes infinitifs.**

**Infinitif absolu.**

Finir.

**Passé.**

Avoir fini.

**Participe présent.**

Finissant.

**Participe passé.**

Fini.

**Adjectif verbal.**

Fini, finie.

**Observations sur les Verbes de la 2ᵉ conjugaison.**

Quelques verbes, comme *souffrir*, *ouvrir*, etc., ont le présent de l'indicatif en *e* muet : je *souffre*, j'*ouvre*, etc.

*Dormir* fait je *dors*; *mentir*, je *mens*; *sentir*, je *sens*; se *repentir*, je me *repens*; *partir*, je *pars*; *sortir*, je *sors*; *servir*, je *sers*; *tenir*, je *tiens*; *venir*, je *viens*, etc.

Le verbe *haïr* conserve le tréma sur l'*ï* à tous les temps et à toutes les personnes, excepté les trois personnes du singulier du présent de l'indicatif : je *hais*, tu *hais*, il *hait*, et la 2ᵉ de l'impératif : *hais*.

---

## 3ᵉ CONJUGAISON, TERMINÉE EN *OIR*.

### *Recevoir.*

**Modes définitifs.**

**INDICATIF.**

**Présent.**

Je reçois
Tu reçois
Il *ou* elle reçoit.
Nous recevons
Vous recevez
Ils *ou* elles reçoivent.

**Imparfait.**

Je' recevais
Tu recevais
Il *ou* elle recevait.
Nous recevions
Vous receviez
Ils *ou* elles recevaient.

**Passé indéfini.**

J'ai reçu
Tu as reçu
Il *ou* elle a reçu.

Nous avons reçu
Vous avez reçu
Ils *ou* elles ont reçu.

**Passé défini.**

Je reçus
Tu reçus
Il *ou* elle reçut.
Nous reçûmes
Vous reçûtes
Ils *ou* elles reçurent.

**Passé antérieur.**

J'eus reçu
Tu eus reçu
Il *ou* elle eut reçu.
Nous eûmes reçu
Vous eûtes reçu
Ils *ou* elles eurent reçu.

**Plus que parfait.**

J'avais reçu
Tu avais reçu
Il *ou* elle avait reçu.
Nous avions reçu
Vous aviez reçu
Ils *ou* elles avaient reçu.

**Futur absolu.**

Je recevrai
Tu recevras
Il *ou* elle recevra.
Nous recevrons
Vous recevrez
Ils *ou* elles recevront.

**Futur relatif ou passé.**

J'aurai reçu
Tu auras reçu
Il *ou* elle aura reçu.
Nous aurons reçu
Vous aurez reçu
Ils *ou* elles auront reçu.

IMPÉRATIF.

**Présent et futur.**

Reçois
Recevons
Recevez.

**Passé.**

Aie reçu
Ayons reçu
Ayez reçu.

CONDITIONNEL.

**Présent et futur.**

Je recevrais
Tu recevrais
Il *ou* elle recevrait.
Nous recevrions
Vous recevriez
Ils *ou* elles recevraient.

**Passé.**

J'aurais reçu
Tu aurais reçu
Il *ou* elle aurait reçu.
Nous aurions reçu
Vous auriez reçu
Ils *ou* elles auraient reçu.

**Plus que parfait.**

J'eusse reçu
Tu eusses reçu
Il *ou* elle eut reçu.
Nous eussions reçu
Vous eussiez reçu
Ils *ou* elles eussent reçu.

SUBJONCTIF.

**Présent.**

Que je reçoive
Que tu reçoives
Qu'il *ou* qu'elle reçoive.
Que nous recevions
Que vous receviez
Qu'ils *ou* qu'elles reçoivent.

**Imparfait.**

Que je reçusse
Que tu reçusses
Qu'il *ou* qu'elle reçût.
Que nous reçussions
Que vous reçussiez
Qu'ils *ou* qu'elles reçussent.

**Passé.**

Que j'aie reçu
Que tu aies reçu
Qu'il *ou* qu'elle ait reçu.
Que nous ayons reçu
Que vous ayez reçu
Qu'ils *ou* qu'elles aient reçu.

**Plus que parfait.**

Que j'eusse reçu
Que tu eusses reçu
Qu'il *ou* qu'elle eût reçu.
Que nous eussions reçu
Que vous eussiez reçu
Qu'ils *ou* qu'elles eussent reçu.

**Modes infinitifs.**

**Infinitif absolu.**

Recevoir.

**Infinitif passé.**

Avoir reçu.

**Participe présent.**

Recevant.

**Participe passé.**

Reçu.

**Adjectif verbal.**

Reçu, reçue.

Plusieurs de ces verbes sont irréguliers au *futur :* *valoir,* je *vaudrai ;* *vouloir,* je *voudrai ; pouvoir,* je *pourrai ; savoir,* je *saurai ; voir,* je *verrai,* etc.

---

## 4ᵉ CONJUGAISON, TERMINÉE EN *RE.*

### *Rendre.*

**Modes définitifs.**

**INDICATIF.**

**Présent.**

Je rends
Tu rends
Il *ou* elle rend.
Nous rendons
Vous rendez
Ils *ou* elles rendent.

**Passé imparfait.**

Je rendais
Tu rendais
Il *ou* elle rendait.
Nous rendions
Vous rendiez
Ils *ou* elles rendaient.

**Passé indéfini.**

J'ai rendu
Tu as rendu
Il *ou* elle a rendu.
Nous avons rendu
Vous avez rendu
Ils *ou* elles ont rendu.

**Passé défini.**

Je rendis
Tu rendis
Il *ou* elle rendit.
Nous rendîmes
Vous rendîtes
Ils *ou* elles rendirent.

**Passé antérieur.**

J'eus rendu
Tu eus rendu
Il *ou* elle eut rendu.

Nous eûmes rendu
Vous eûtes rendu
Ils *ou* elles eurent rendu.

### Plus que parfait.

J'avais rendu
Tu avais rendu
Il *ou* elle avait rendu.
Nous avions rendu
Vous aviez rendu
Ils *ou* elles avaient rendu.

### Futur absolu.

Je rendrai
Tu rendras
Il *ou* elle rendra.
Nous rendrons
Vous rendrez
Ils *ou* elles rendront.

### Futur relatif ou passé.

J'aurai rendu
Tu auras rendu
Il *ou* elle aura rendu.
Nous aurons rendu
Vous aurez rendu
Ils *ou* elles auront rendu.

## IMPÉRATIF.

### Présent et futur.

Rends
Rendons
Rendez.

### Passé.

Aie rendu
Ayons rendu
Ayez rendu.

## CONDITIONNEL.

### Présent et futur.

Je rendrais
Tu rendrais

Il *ou* elle rendrait.
Nous rendrions
Vous rendriez
Ils *ou* elles rendraient.

### Passé.

J'aurais rendu
Tu aurais rendu
Il *ou* elle aurait rendu.
Nous aurions rendu
Vous auriez rendu
Ils *ou* elles auraient rendu.

### Plus que parfait.

J'eusse rendu
Tu eusses rendu
Il *ou* elle eut rendu.
Nous eussions rendu
Vous eussiez rendu
Ils *ou* elles eussent rendu.

## SUBJONCTIF.

### Présent.

Que je rende
Que tu rendes
Qu'il *ou* qu'elle rende.
Que nous rendions
Que vous rendiez
Qu'ils *ou* qu'elles rendent.

### Imparfait.

Que je rendisse
Que tu rendisses
Qu'il *ou* qu'elle rendît.
Que nous rendissions
Que vous rendissiez
Qu'ils *ou* qu'elles rendissent.

### Passé.

Que j'aie rendu
Que tu aies rendu
Qu'il *ou* qu'elle ait rendu.

<table>
<tr><td>

Que nous ayons rendu
Que vous ayez rendu
Qu'ils *ou* qu'elles aient rendu.

**Plus que parfait.**

Que j'eusse rendu
Que tu eusses rendu
Qu'il *ou* qu'elle eût rendu.
Que nous eussions rendu
Que vous eussiez rendu
Qu'ils *ou* qu'elles eussent rendu.

</td><td>

**Modes infinitifs.**

**Infinitif absolu.**

Rendre.

**Passé.**

Avoir rendu.

**Participe présent.**

Rendant.

**Participe passé.**

Rendu.

**Adjectif verbal.**

Rendu, rendue.

</td></tr>
</table>

## Observations sur les Verbes de la 4ᵉ conjugaison.

Tous les verbes de la quatrième conjugaison qui ont un *d* au radical le conservent à la troisième personne du présent de l'indicatif : *il rend*, *il répond*, etc.

Excepté ceux qui se terminent à l'infinitif en *indre* ou en *soudre*, ces verbes changent *d* en *t* : *il plaint, il peint, il résout, il absout.*

### Observations générales.

Tout verbe dont le radical se termine par un *i* ou un *y*, n'en prend pas moins l'*i* de la terminaison de l'imparfait de l'indicatif et du présent du subjonctif à la première et à la deuxième personne du pluriel.

Ainsi : *pri-er, employ-er*, font *nous priions, vous employiez, que nous priions, que vous employiez.*

Les verbes dont le radical se termine par un *y* le changent en *i* lorsque la terminaison commence par un *e* muet : *envoyer, ennuyer*, font *j'envoie, il ennuie.*

Cependant on conserve l'*y* lorsque cette lettre est précédée d'un *a* ou d'un *e*, comme *payer, rayer, grasseyer*, qui font *je paye, il raye, il grasseye.*

# CHAPITRE XXIV.

## § 1.

### Formation des temps dans la conjugaison des Verbes.

Comme on le voit, tous les verbes ont des temps *simples* et des temps *composés*.

Les temps simples sont entièrement formés par le verbe lui-même, sans le secours d'aucun verbe auxiliaire.

Ces temps sont :

Le présent et l'imparfait de l'indicatif : *j'aime*, *j'aimais*.

Le passé défini et le futur simple : *j'aimai*, *j'aimerai*.

Le présent de l'impératif : *aime*.

Le présent et l'imparfait du subjonctif : *que j'aime*, *que j'aimasse*.

Le présent du conditionnel : *j'aimerais*.

L'infinitif absolu : *aimer*.

Et les deux participes : *aimant*, *aimé*.

### Formation des temps simples.

Les temps simples se subdivisent en temps *primitifs* et en temps *dérivés*.

Les temps dérivés sont formés des temps primitifs.

On compte cinq temps primitifs : *le présent de l'indicatif, le passé défini, l'infinitif absolu*, et *les deux participes*.

Du présent de l'indicatif se forme le présent de l'impératif sans autre changement que le retranchement des pronoms personnels et la suppression du *s* à la seconde personne de la première conjugaison. Ex. : *Tu aimes, aime ; tu finis, finis ; tu reçois, reçois, etc.*

Du passé défini se forme l'imparfait du subjonctif en ajoutant *se* à la seconde personne du singulier. Ex. : *Tu aimas*, *que j'aimas se*; *tu finis*, *que je finis se*, *etc.*

Du présent de l'infinitif se forment :

Le futur simple en ajoutant *ai* après l'*r* final, et le présent du conditionnel en y ajoutant *ais*.

Ex. : *Aimer*, *j'aimer-ai*; *finir*, *je finir-ai*; *rendre*, *je rendr-ai*. *J'aimer-ais*, *je finir-ais*, *je rendr-ais*.

Dans les verbes de la troisième conjugaison, comme *recevoir*, *concevoir*, la diphtongue *oi* se retranche. Ex.: *Recevoir*, *je recevrai*; *concevoir*, *je concevrai*; au lieu de : *je recevoirai*, *je concevoirai*.

Du participe présent se forme l'*imparfait* de l'indicatif et le *présent* du subjonctif par le changement de *ant* en *ais* et en *e* :

*Aim-ant* : *j'aim-ais*, *que j'aim-e*.

*Finiss-ant* : *je finiss-ais*, *que je finiss-e*.

*Recev-ant*, *je recev-ais* (*que je reç-oi-v-e*).

*Rend-ant* : *je rend-ais*, *que je rend-e*.

### Formation des temps composés.

Les temps composés se forment par l'auxiliaire *avoir* joint au *participe substantif* du verbe à conjuguer, ou par l'auxiliaire *être* joint au *participe adjectif passé*.

Le participe substantif, joint à l'auxiliaire *avoir*, reste invariable quel que soit le sujet du verbe ou quel qu'en soit l'objet.

On dit : *elle a aimé la vertu*, *ils ont aimé Dieu*.

Dans les temps composés du verbe *avoir*, il n'y a réellement que l'auxiliaire qui soit verbe, qui en conserve la forme et en subisse les conditions. Le participe qui lui est joint n'est plus qu'un substantif; c'est le verbe primitif sous une forme abstraite, véritable forme substantive.

Dans les temps composés du verbe *être*, ce verbe est aussi le seul verbe; mais le participe adjectif qui lui est joint s'accorde en genre et en nombre avec le sujet comme tous les adjectifs.

Les temps composés ne se forment pas avec les temps correspondants du verbe auxiliaire. Pour les former, on prend dans le verbe auxiliaire les temps immédiatement précédents, ceux qui sont d'un degré moins passés que les temps qu'on veut former dans le verbe composé.

Ainsi, pour former le passé indefini, *j'ai aimé*, *elle est sortie*, c'est le présent *j'ai*, *elle est* des verbes auxiliaires que l'on joint au participe substantif *aimé* et au participe adjectif *sortie*.

Le participe exprimant déjà l'idée du passé, si on prenait dans le verbe auxiliaire un temps aussi passé que celui qu'on veut former, le temps composé renfermerait une trop forte idée du passé; au lieu de dire : *j'ai aimé*, on dirait : *j'ai eu aimé*, ce qui rendrait faussement la pensée.

Les temps composés le sont donc de la manière suivante :

Le présent du verbe auxiliaire, réuni au *participe passé*, forme le passé indéfini *j'ai aimé*; l'imparfait forme le plus que parfait *j'avais aimé*; le passé défini forme le passé antérieur : *j'eus aimé*, *etc.*

### Terminaisons communes à différentes conjugaisons.

Pour simplifier et par conséquent faciliter la conjugaison des verbes, il est bon de remarquer les terminaisons qui leur sont communes.

### Terminaisons du singulier.

L'*imparfait de l'indicatif*, dans tous les verbes, à

quelque conjugaison qu'ils appartiennent, se termine par *ais, ais, ait* : *j'aimais, tu finissais, il rendait.*

Le *passé défini*, dans les verbes de la première conjugaison, se termine en *ai, as, a* : *j'aimai, tu marchas, il tomba.*

Dans tous les autres il se termine à la première et à la deuxième personne en *s* et à la troisième en *t* : *je finis, tu reçus, il rendit.*

Le *futur* se termine, pour tous les verbes, en *rai, ras, ra* : *j'aimerai, tu finiras, il recevra.*

Le *conditionnel présent* en *rais, rais, rait* : *j'ai-merais, tu finirais, il rendrait.*

Le *subjonctif présent* en *e, es, e* : *que j'aime, que tu finisses, qu'il reçoive.*

Excepté *être* : *que je sois, que tu sois, etc.*, et *avoir* à la troisième personne : *qu'il ait.*

L'*imparfait du subjonctif* est terminé en *sse, sses, t* : *que j'aimasse, que tu finisses, qu'il rendît.*

### Terminaisons du pluriel.

Tous les temps des verbes se terminent au pluriel par *ons, ez, nt* : *nous aimons, vous finissez, ils reçoivent.*

Excepté 1° le *passé défini* dont la deuxième personne du pluriel se termine en *tes* : *vous aimâtes, vous fi-nîtes.*

2° Les verbes *être, dire, faire*, et les composés de *faire* qui font au *présent de l'indicatif*, deuxième personne du pluriel : *vous êtes, vous dites, vous faites, vous contrefaites.*

# CHAPITRE XXV.

## Voix passive.

La voix passive se forme tout entière par le moyen de l'auxiliaire *être* uni au participe adjectif passé.

Ex. : *Je suis aimé. — Je suis rendu.*
*J'étais aimé. — J'étais rendu.*

Le participe uni au verbe être, n'étant ici qu'un adjectif, doit s'accorder avec son sujet en genre et en nombre; il prend le singulier ou le pluriel, le masculin ou le féminin, selon le nombre et le genre du sujet.

Si c'est un homme qui parle, il dira : *je suis aimé.*
Si c'est une femme : *je suis aimée.*
*Tu es aimé* ou *aimée.*
*Il est aimé* ou *elle est aimée.*
*Nous sommes aimés* ou *aimées.*
*Vous êtes aimés* ou *aimées.*
*Ils sont aimés* ou *elles sont aimées.*

La voix passive comprend les mêmes modes et les mêmes temps que la voix active. Il y a donc au passif comme à l'actif les modes indicatif, impératif, conditionnel, subjonctif et infinitif, et chacun de ces modes renferme tous les temps.

Les modes et les temps du passif sont marqués par les différentes modifications du verbe *être* qui seul varie. Le participe adjectif qui lui est uni, restant toujours dans les mêmes conditions, c'est-à-dire ne changeant que selon le genre et le nombre du sujet auquel il est joint par le verbe *être.*

# CHAPITRE XXVI.

## CONJUGAISON DES VERBES SUBJECTIFS.

### § 1.

Les verbes subjectifs se conjuguent comme les verbes objectifs, sur l'un des précédents modèles de conjugaison. Mais ils n'ont pas la voix passive.

Ceux des verbes subjectifs qui forment leurs temps composés avec l'auxiliaire *avoir* ressemblent de tous points aux verbes objectifs.

Quant à ceux qui forment leurs temps composés avec l'auxiliaire *être*, ils ressemblent pour ces temps aux verbes objectifs placés à la voix passive. L'auxiliaire *être* s'unit à leur participe adjectif qui s'accorde avec le sujet du verbe. Tel est comme exemple le verbe *sortir*.

**Modes définitifs.**

| INDICATIF. | Passé indéfini. |
|---|---|
| **Présent.** | Je suis sorti |
| Je sors | Tu es sorti |
| Tu sors | Il est sorti *ou* elle est sortie. |
| Il *ou* elle sort. | Nous sommes sortis |
| Nous sortons | Vous êtes sortis |
| Vous sortez | Ils sont sortis *ou* elles sont |
| Ils *ou* elles sortent. | sorties. |
| **Passé imparfait.** | **Passé défini.** |
| Je sortais | Je sortis |
| Tu sortais | Tu sortis |
| Il *ou* elle sortait. | Il *ou* elle sortit. |
| Nous sortions | Nous sortîmes |
| Vous sortiez | Vous sortîtes |
| Ils *ou* elles sortaient. | Ils *ou* elles sortirent. |

**Passé antérieur.**

Je fus sorti
Tu fus sorti
Il fut sorti *ou* elle fut sortie.
Nous fûmes sortis
Vous fûtes sortis
Ils furent sortis *ou* elles fu-
    rent sorties.

**Plus que parfait.**

J'étais sorti
Tu étais sorti
Il était sorti.
Nous étions sortis
Vous étiez sortis
Ils étaient sortis.

**Futur absolu.**

Je sortirai
Tu sortiras
Il sortira.
Nous sortirons
Vous sortirez
Ils sortiront.

**Futur relatif ou Passé.**

Je serai sorti
Tu seras sorti
Il sera sorti.
Nous serons sortis
Vous serez sortis
Ils seront sortis.

IMPÉRATIF.

**Présent et futur.**

Sors
Sortons
Sortez.

**Passé.**

Sois sorti
Soyons sortis
Soyez sortis.

CONDITIONNEL.

**Présent et futur.**

Je sortirais
Tu sortirais
Il sortirait.
Nous sortirions
Vous sortiriez
Ils sortiraient.

**Passé.**

Je serais sorti
Tu serais sorti.
Il serait sorti
Nous serions sortis
Vous seriez sortis
Ils seraient sortis.

**Plus que parfait.**

Je fusse sorti
Tu fusse sorti
Il fut sorti.
Nous fumes sortis
Vous futes sortis
Ils fussent sortis.

SUBJONCTIF.

**Présent.**

Que je sorte
Que tu sortes
Qu'il sorte.
Que nous sortions
Que vous sortiez
Qu'ils sortent.

**Imparfait.**

Que je sortisse
Que tu sortisses
Qu'il sortît.
Que nous sortissions
Que vous sortissiez
Qu'ils sortissent.

<table>
<tr><td>

**Passé.**

Que je sois sorti
Que tu sois sorti
Qu'il soit sorti.
Que nous soyons sortis
Que vous soyez sortis
Qu'ils soient sortis.

**Plus que parfait.**

Que je fusse sorti
Que tu fusses sorti
Qu'il fût sorti.
Que nous fussions sortis
Que vous fussiez sortis
Qu'ils fussent sortis.

</td><td>

**Modes infinitifs.**

**Infinitif absolu.**

Sortir.

**Infinitif passé.**

Etre sorti.

**Participe présent.**

Sortant.

**Participe passé.**

Sorti.

**Adjectif verbal.**

Sorti, sortie.

</td></tr>
</table>

§ 2.

### Verbes sous la forme réfléchie ou réciproque.

Tout verbe qui prend la forme réfléchie ou la forme réciproque, se conjugue dans les temps composés avec l'auxiliaire *être*.

Ex. : *Je me souviens, je me suis souvenu.*

*Nous nous sommes vus, ils se sont embrassés.*

Quand un verbe est sous la forme réfléchie ou réciproque, tantôt le participe s'accorde avec le sujet de ce verbe, tantôt il ne s'accorde pas.

Il s'accorde si c'est un verbe *objectif direct,* comme : ils se sont *vus, embrassés, etc.*

Il ne s'accorde pas quand le verbe est *objectif indirect,* comme : ils se sont *nui,* elles se sont *parlé.*

Dans le premier cas, le participe n'est qu'un adjectif verbal; dans le second c'est un véritable *participe passé* ou *substantif* invariable.

§ 3.

### Verbes unipersonnels.

Les verbes unipersonnels n'ont que la troisième per-

sonne du singulier ; mais cette personne se conjugue,
selon les différents temps et modes, comme elles se
conjuguerait si le verbe avait toutes les personnes.

Exemple :

*Pleuvoir.*

### Modes définitifs.

INDICATIF.

**Présent.**

Il pleut.

**Imparfait.**

Il pleuvait.

**Passé indéfini.**

Il a plu.

**Passé défini.**

Il plut.

**Passé antérieur.**

Il eut plu.

**Plus que parfait.**

Il avait plu.

**Futur absolu.**

Il pleuvra.

**Futur relatif passé.**

Il aura plu.

CONDITIONNEL.

**Présent et futur.**

Il pleuvrait.

**Passé.**

Il aurait plu.

**Plus que parfait.**

Il eut plu.

SUBJONCTIF.

**Présent.**

Qu'il pleuve.

**Imparfait.**

Qu'il plût.

**Passé.**

Qu'il ait plu.

**Plus que parfait.**

Qu'il eût plu.

### Modes infinitifs.

**Infinitif absolu.**

Pleuvoir.

**Participe présent.**

Pleuvant.

**Participe passé.**

Plu.

# CHAPITRE XXVII.

## Différentes formes de Conjugaisons.

Les verbes se conjuguent sous différentes formes.
Il y a d'abord la *forme directe* et la *forme réfléchie.*

Dans la forme directe le verbe se conjugue en s'unissant seulement avec son sujet et en se plaçant immédiatement après lui.

C'est la forme ordinaire, sous laquelle sont présentés les modèles de conjugaison précédents : *J'aime*, *tu finis*, *il reçoit*, *nous rendons*, etc.

Dans la forme réfléchie, le verbe se conjugue en s'unissant à son objet comme à son sujet, et en se plaçant après eux : *Je me frappe*, *tu te blesses*, *il se réjouit*, etc.

La forme directe et la forme réfléchie peuvent l'une et l'autre s'associer aux formes *affirmative* et *négative*, *interrogative* et *dubitative*.

La *forme affirmative* se confond avec la forme directe; c'est la forme ordinaire de conjugaison : *J'aime*, *tu reçois*, *il rendait*, *nous avons fini*, etc.

Dans la *forme négative* on nie le fait exprimé par le verbe.

Pour conjuguer un verbe sous cette forme, on le place entre les deux mots négatifs *ne pas*, ou *point*. Ex. : Je *ne* joue *pas*, tu *ne* viens *pas*, il *ne* travaille *point*, etc.

Quand on conjugue sous la forme négative les temps composés d'un auxiliaire, c'est le verbe auxiliaire seul qui se place entre les deux mots négatifs, comme : *Je n'ai pas joui*, *tu n'es pas venu*; parce que, dans tous les temps composés, il n'y a d'autre verbe que l'auxiliaire, le verbe primitif étant devenu participe adjectif ou substantif.

Le verbe se place sous la forme *interrogative* ou *dubitative*, quand on veut interroger sur un fait ou exprimer qu'on en doute. Ex. : *Viendrez-vous? partiront-ils? se pourrait-il! l'aurait-il trahi!*

Ces deux formes se ressemblent ou plutôt n'en font qu'une.

Le verbe, sous cette forme, se place avant le nom personnel auquel on le joint par un trait d'union — : *Viens-tu ? partons-nous ?*

Dans les temps composés, le nom personnel se place immédiatement après le verbe auxiliaire, et avant le participe. Ex. : *Est-il parti ? Sont-ils venus ?*

La forme interrogative ne s'emploie qu'aux temps de l'*indicatif* et du *conditionnel.* Pour interroger dans les autres modes du verbe, on emploie des tournures particulières, on a recours à d'autres mots. Ex. : *Faut-il que je parte ? est-il certain d'arriver ?*

Si le verbe placé sous la forme interrogative se termine à la première personne du singulier par un *e* muet, on change cette lettre en un *é* fermé. Ex.: *aimé-je, eusse-je aimé ?*

Si ce verbe finit par une voyelle à la troisième personne du singulier, on intercale la lettre *t* entre ce verbe et son sujet, *il* ou *elle,* pour adoucir la prononciation. Ex. : *Aime-t-il, viendra-t-elle.*

---

# CHAPITRE XXVIII.

**Verbes qui présentent quelques difficultés dans leur conjugaison.**

Pour que ces difficultés disparaissent, il suffit de connaître les premières personnes des temps primitifs de ces verbes et de se rappeler les règles de la formation des temps dérivés.

*Assaillir.* J'assaille, nous assaillons ; j'assaillis, nous assaillîmes; assaillant, assailli.

Ainsi se conjugue *tressaillir.*

4`

*Bouillir.* Je bous, nous bouillons ; je bouillis, nous bouillîmes ; bouillant ; bouilli.

*Fuir.* Je fuis, nous fuyons ; je fuis, nous fuîmes ; que je fuie, que nous fuyions ; fuyant ; fui.

*Ouvrir.* J'ouvre, nous ouvrons ; j'ouvris, nous ouvrîmes ; ouvrant ; ouvert.

*Partir.* Je pars, nous partons ; je partis ; partant ; parti.

Ainsi se conjugue *repartir.*

*Ressortir* a deux sens ; tantôt il signifie *sortir de nouveau,* et alors il se conjugue sur *sortir ;* tantôt il signifie dépendre d'une juridiction. Ex. : *Cette cause ressortit de la Cour de cassation.* Alors il se conjugue sur *finir.*

*Sentir.* Je sens, nous sentons ; je sentis ; sentant ; senti.

*Servir.* Je sers, nous servons ; je servis ; servant ; servi.

*Vêtir.* Je vêtis, nous vêtons ; je vêtis ; vêtant ; vêtu.

Ainsi se conjugue *revêtir.*

*Devoir.* Je dois, nous devons, ils doivent ; je dus, nous dûmes ; je devrai ; je devrais ; devant ; dû.

Ce verbe prend l'accent circonflexe sur l'*u* au participe passé *dû.*

*Pourvoir.* Je pourvois, nous pourvoyons ; je pourvus ; pourvoyant ; pourvu.

*Conclure.* Je conclus, nous concluons ; je conclus, nous conclûmes ; concluant ; conclu.

Ainsi se conjugue *exclure.*

*Confire.* Je confis, nous confisons ; je confis, nous confîmes ; confisant ; confit.

*Coudre.* Je couds, nous cousons ; je cousis, nous cousîmes ; cousant ; cousu.

Ainsi *découdre, recoudre.*

*Croire.* Je crois, nous croyons; je crus, nous crûmes; croyant; cru.

*Croître.* Je croîs, nous croissons; je crûs, nous crûmes; croissant; crû.

Ainsi se conjuguent *accroître*, *décroître*.

Les temps du verbe *croître,* qui ressemblent à ceux du verbe *croire,* s'en distinguent par l'accent *circonflexe.*

*Ecrire.* J'écris, nous écrivons; j'écrivis, nous écrivîmes; écrivant; écrit.

Ainsi se conjuguent tous les composés : *inscrire, souscrire,* etc.

*Lire.* Je lis, nous lisons; je lus, nous lûmes; lisant; lu.

De même, *relire, élire,* etc.

*Mettre.* Je mets, nous mettons; je mis, nous mîmes; mettant; mis.

*Moudre.* Je mouds, nous moulons; je moulus, nous moulûmes; moulant; moulu.

*Naître.* Je nais, nous naissons; je naquis, nous naquîmes; naissant; né.

De même, *renaître.*

*Nuire.* Je nuis, nous nuisons; je nuisis, nous nuisîmes; nuisant; nui.

De même, *instruire.*

*Paraître.* Je parais, nous paraissons; je parus, nous parûmes; paraissant; paru.

De même, *apparaître, connaître,* etc.

*Peindre.* Je peins, nous peignons; je peignis, nous peignîmes; peignant; peint.

Ainsi se conjuguent tous les verbes terminés en *indre.*

*Plaire.* Je plais, nous plaisons; je plus, nous plûmes; plaisant; plu.

De même, *complaire, déplaire.*

*Prendre*. Je prends, nous prenons; je pris, nous prîmes; prenant; pris.

De même, tous les composés : *apprendre, comprendre*, etc.

*Rire*. Je ris, nous rions; je ris, nous rîmes; riant; ri.

De même, *sourire*.

*Suivre*. Je suis, nous suivons; je suivis, nous suivîmes; suivant; suivi.

De même, *poursuivre, s'ensuivre*.

*Taire*. Je tais, nous taisons; je tus, nous tûmes; taisant; tu.

*Vivre*. Je vis, nous vivons; je vécus, nous vécûmes; vivant; vécu.

De même, *revivre, survivre*.

---

# CHAPITRE XXIX.

### Verbes irréguliers.

Les verbes irréguliers sont ceux dans lesquels des temps, des personnes ou des nombres ne sont pas formés d'après les règles générales de conjugaison.

Il suffit d'indiquer ces irrégularités.

### Première conjugaison.

*Aller*. Je vais, tu vas, il va, nous allons, vous allez, ils vont; j'allais, nous allions; j'allai, nous allâmes; j'irai; j'irais; va, allons; que j'aille, que nous allions; que j'allasse, que nous allassions; allant, allé.

*Envoyer*. J'envoie, nous envoyons; j'envoyai, nous envoyâmes; j'enverrai; j'enverrais; envoyant; envoyé.

### Deuxième conjugaison.

*Acquérir.* J'acquiers, nous acquérons, ils acquiè-rent; j'acquis, nous acquîmes; j'acquerrai, nous ac-querrons; j'acquerrais; que j'acquière, que nous ac-quérions; acquérant; acquis.

*Bénir* est régulier dans tous les temps : mais du participe passé *béni* se forment deux adjectifs; l'ad-jectif régulier *béni, bénie*, et l'adjectif irrégulier *bénit, bénite.*

Ce dernier ne s'emploie que pour désigner les choses consacrées par une cérémonie religieuse.

*Courir.* Je cours, nous courons; je courus, nous courûmes; je courrai, nous courrons; je courrais, nous courrions; courant; couru.

*Cueillir.* Je cueille, nous cueillons; je cueillis, nous cueillîmes; je cueillerai; je cueillerais; cueillant; cueilli.

De même, *accueillir, recueillir.*

*Fleurir*, signifiant *se mettre en fleur*, est régulier dans tous les temps. Dans le sens de *prospérer*, il fait à l'imparfait de l'indicatif, je *florissais*, et au participe présent, *florissant.* Ex. : *l'empire florissait.*

*Mourir.* Je meurs, nous mourons; je mourus, nous mourûmes; je mourrai; je mourrais; mourant; mort.

*Tenir.* Je tiens, nous tenons, ils tiennent; je tins nous tînmes; je tiendrai, nous tiendrons; je tiendrais; tenant; tenu.

De même les composés de *tenir : appartenir, retenir.*

De même *venir* et ses composés.

### Troisième conjugaison.

*S'asseoir.* Je m'assieds, nous nous asseyons, ils s'asseient; je m'assis, nous nous assîmes; je m'assiérai, je m'assiérais, assieds-toi, que je m'asseie, que nous nous asseyions; s'asseyant, assis.

On dit aussi : Je m'assois, tu t'assois, il s'assoit; je m'assoirai ; je m'assoirais ; et je m'asseierai , je m'asseierais.

*Déchoir.* Je déchois, nous déchoyons, ils déchoient ; je déchoyais, nous déchoyons; je déchus, nous déchûmes; je décherrai; je décherrais; que je déchoie; que je déchusse; déchu. Ce verbe n'a pas de *participe présent.*

*Mouvoir.* Je meus, nous mouvons, ils meuvent; je mus, nous mûmes; je mouvrai; je mouvrais; que je meuve, que nous mouvions; mouvant; mû.

Ainsi, *émouvoir, s'émouvoir.*

*Pouvoir.* Je peux ou je puis, tu peux, il peut, nous pouvons, vous pouvez, ils peuvent; je pus, nous pûmes; je pourrai; je pourrais; que je puisse, que nous puissions; pouvant; pu.

Sous la forme interrogatoire on dit : *puis-je?* et non *peux-je?*

*Prévaloir.* Ce verbe se conjugue à tous ses temps comme *valoir,* excepté au présent du subjonctif : *Que je prévale, que nous prévalions.*

*Savoir.* Je sais, nous savons ; je sus, nous sûmes; je saurai; je saurais; sache, sachons; sachant; su.

*Surseoir.* Je sursois, nous sursoyons ; je sursis, nous sursîmes; je surseoirai; je surseoirais; que je surseoie, que nous sursoyions; sursoyant; sursis.

*Valoir.* Je vaux, nous valons; je valus, nous valûmes; je vaudrai; je vaudrais; que je vaille, que nous vallions, qu'ils vaillent; valant; valu.

De même *équivaloir, revaloir.*

*Voir.* Je vois, nous voyons, ils voient; je vis, nous vîmes; je verrai ; je verrais; que je voie, que nous voyons, qu'ils voient; voyant; vu.

De même *entrevoir, prévoir;* seulement ce dernier verbe fait au futur je *prévoirai*, et au conditionnel je *prévoirais.*

*Vouloir.* Je veux, nous voulons, ils veulent; je voulus, nous voulûmes; je voudrai; je voudrais; que je veuille, que nous voulions, qu'ils veuillent; voulant; voulu. On dit régulièrement à l'impératif : *veux, voulez*; mais on dit : *veuille, veuillez,* quand on prie de vouloir.

### Quatrième conjugaison.

*Absoudre.* J'absous, nous absolvons; absolvant; absous, (adjectif absous, absoute).

Ce verbe est régulier à tous ses autres temps; mais il manque du parfait défini et des temps qui en dérivent.

Ainsi se conjugue *dissoudre* et *résoudre* qui a tous les temps et qui fait au participe passé *résolu.*

*Boire.* Je bois, nous buvons, ils boivent; je bus, nous bûmes; je boirai; je boirais; que je boive, que nous buvions, qu'ils boivent; buvant; bu.

*Dire.* Je dis, nous disons, vous dites, ils disent; je dis, nous dîmes; je dirai; je dirais; disant; dit.

De même *redire* et les autres composés de *dire.*

Les verbes *contredire, dédire, interdire, médire, prédire* font à la seconde personne du pluriel de l'indicatif *vous contredisez, dédisez, interdisez, médisez, prédisez;* mais à l'impératif ils font : *Contredites, dédites,* etc.

*Maudire.* Je maudis, nous maudissons; je maudis, nous maudîmes; maudissant; maudit.

*Faire.* Je fais, nous faisons, vous faites, ils font; je fis, nous fîmes; je ferai; je ferais; que je fasse; faisant, fait.

De même *contrefaire* et les autres composés de *faire.* *Forfaire* n'est usité qu'à l'infinitif et aux temps composés: j'ai *forfait,* etc.

*Malfaire* et *méfaire* n'ont d'usité que l'infinitif.

*Oindre.* J'oins, nous oignons ; j'oignis, nous oignîmes ; oignant ; oint.

*Repaître.* Je repais, nous repaissons ; je repus, nous repûmes ; repaissant ; repu.

De même *paître*, qui manque du passé défini et des temps qui en dérivent.

*Traire.* Je trais, nous trayons, ils traient ; je trairai ; je trairais ; trayant ; trait.

Ce verbe manque du passé défini et des temps qui en dérivent.

Ainsi se conjuguent *abstraire, distraire, soustraire, retraire.*

*Vaincre.* Je vaincs, tu vaincs, il vainc, nous vainquons ; je vainquis, nous vainquîmes ; vainquant ; vaincu.

*Remarque.* Dans ce verbe le *c* se change en *qu* toutes les fois qu'il doit être devant une voyelle, excepté au participe passé.

De même *convaincre.*

# CHAPITRE XXX.

### Verbes défectueux.

Les verbes défectueux sont ceux qui n'ont pas tous les modes, tous les temps, toutes les personnes ou tous les nombres que l'on trouve dans les verbes complets.

Sont défectueux :

Quelques-uns des verbes irréguliers qui précèdent.

Tous les verbes *unipersonnels*, puisqu'ils n'ont qu'une seule des trois personnes, comme *neiger, il neige, tonner, il tonne ; éclairer, il éclaire,* dans le sens de faire des éclairs, etc.

Enfin les verbes suivants qui appartiennent aux trois dernières conjugaisons.

*Faillir.* Ce verbe n'est usité qu'aux temps composés ; *j'ai failli, j'eus failli, j'avais failli,* etc., au passé défini : *je faillis,* à l'infinitif *faillir,* et aux participes *faillant, failli.*

*Férir* (frapper), n'est usité qu'à l'infinitif dans cette locution : *sans coup férir.*

*Gésir.* Ce verbe ne s'emploie que dans *il git, ci-git, nous gisons, vous gisez, il gisent,* à l'imparfait tout entier *je gisais,* etc., et au participe présent *gisant.*

*Ouïr.* Usité seulement dans *ouï* et *ouïr;* cependant on dit familièrement : *j'ouïs, nous ouïmes.*

*Saillir,* signifiant *jaillir avec force,* n'est d'usage qu'aux troisièmes personnes du singulier et du pluriel, et à l'infinitif : *il saillit, il saillissent; il saillira, ils sailliront.*

Signifiant s'avancer au dehors, *saillir* est irrégulier, et ne s'emploie qu'aux troisièmes personnes de certains temps : *saillir, il saille, ils saillent; il saillait, il saillera, il saillerait.*

*Choir* n'est usité qu'à l'infinitif; cependant on dit familièrement : *chu, chue.*

*Echoir* est usité seulement dans : il échoit ou il échet, ils échoient ou ils échéent; il échut; il écherra ; qu'il échoie; qu'il échut; échéant, échu, échue.

*Falloir.* Il faut; il fallait; il fallut; il a fallu; il faudra; il faudrait; qu'il faille; qu'il fallût; fallu.

*Pleuvoir* a tous les temps, mais seulement à la troisième personne du singulier ; cependant on emploie quelquefois, dans le style figuré, les troisièmes personnes du pluriel. Ex. *Que les nuées pleuvent le juste.*

*Seoir,* signifiant *être situé,* n'a que les participes *séant, sis,* et les adjectifs qui en dérivent, *séante, sise.*

Signifiant *être convenable,* il a les troisièmes per—

5

sonnes suivantes : il sied, ils siéent; il seyait, ils seyaient; il siéra, ils siéront; il siérait, ils siéraient; qu'il sièe, qu'ils siéent; seyant.

*Braire* n'est usité que dans : il brait, ils braient; il braira; il braierait, ils braieraient; qu'il braie; brayant.

*Bruire* ne s'emploie que dans : il bruit, il bruyait, ils bruyaient.

*Clôre* n'est en usage que dans : je clos, tu clos, il clôt (sans pluriel); je clorai; je clorais; clos; que je close; participe clos.

De même *éclôre*, qui a la troisième personne du pluriel : *ils éclosent.*

*Frire*. Usité seulement dans : je fris, tu fris, il frit (sans pluriel); je frirai, nous frirons; je frirais, nous fririons; impératif fris; participe frit.

*Luire*. Ce verbe ne manque que de l'impératif, du passé défini et des temps qui en dérivent. Il a tous les autres temps; je luis, nous luisons; je luirai; je luirais; luisant, lui.

De même *reluire*.

---

# CHAPITRE XXXI.

## Des déterminatifs.

Les déterminatifs sont des mots qui ont pour objet; 1º d'indiquer avec exactitude le genre et le nombre, le sens ou la portée des autres mots auxquels ils sont joints; 2º d'exprimer les rapports entre les choses ou entre les mots qui désignent ces choses.

*Le, la; ce, cette; mon, ma; un, deux, trois; autre, tel; plus, moins; de, par, pour; mais, car,* sont autant de déterminatifs.

De là deux sortes de déterminatifs; les déterminatifs *absolus* et les déterminatifs *relatifs.*

Les déterminatifs *absolus* se joignent les uns aux substantifs, les autres aux *attributifs* soit verbes, soit adjectifs.

### Déterminatifs des substantifs.

Les déterminatifs des substantifs ont un double objet : d'abord ils indiquent comment il faut entendre les substantifs, ensuite ils les remplacent ; il sont *in-dicatifs* ou *supplétifs,* autrement dits *pronoms.*

Parmi les déterminatifs indicatifs, les uns ont pour principal objet d'indiquer le genre et le nombre des substantifs, les autres de déterminer le sens qu'on doit y attacher ; les premiers sont les *articles*, les seconds peuvent s'appeler déterminatifs *significatifs.*

# CHAPITRE XXXII.

### De l'article.

L'*article* est un petit mot dont le principal objet est de déterminer le genre et le nombre des substantifs devant lesquels il se place.

Ce mot est toujours très-court, parce que, revenant souvent dans le discours, il ne doit ni l'embarrasser ni l'allonger.

On ne compte en français qu'un article, qui se mo-difie selon les genres et les nombres pour s'accorder avec le substantif auquel il est joint.

Cet article a trois formes : *le*, *la*, *les.*

*Le*, *la* indiquent le singulier ; *le* pour le masculin, *la* pour le féminin. Ex. : *le mari*, *la femme*; *le fils*, *la fille.*

*Les* indique le pluriel, sans distinguer les genres ; il est le même pour le masculin et pour le féminin. Ex. : *les hommes*, *les femmes*; *les fils*, *les filles.*

L'article est sujet à deux modifications : l'*élision* et la *contraction*.

*Élision* veut dire retranchement.

Quand l'article au singulier est placé devant un nom commençant par une voyelle ou un *h* muet, il subit le retranchement de l'*e* ou de l'*a* qu'on remplace par un petit signe (') nommé *apostrophe*.

Ainsi on dit : *l'orient, l'air, l'homme*, pour *le orient, le air, le homme; l'âme, l'aurore, l'héroïne*, pour *la héroïne, la aurore, la âme*.

Cependant l'article n'est pas soumis à l'élision devant les nombres *un, onze* et le mot *oui*. On dit : *le oui, le un, le onze*.


*Contraction* veut dire *ici :* fusion de deux mots en un seul. L'article se contracte en se réunissant à l'une des prépositions *a, de* pour former *au, aux, du, des*, qui sont autant d'articles contractes.

*Au* est pour *à le; aux* pour *à les; du* pour *de le; des* pour *de les*. On dit : *je vais au bois* pour *à le bois, aux champs* pour *à les champs, je reviens du bois* pour *de le bois, des champs* pour *de les champs*.

L'article ne se contracte au singulier que devant les noms masculins commençant par une consonne ou un *h* aspiré.

Au pluriel il se contracte toujours, quel que soit le genre des noms et la lettre par laquelle ces noms commencent.

Les articles contractes *du et des* ont souvent un sens partitif, c'est-à-dire qu'ils indiquent seulement une portion des choses désignées par le substantif qui les suit. *Donnez-moi du bois, du feu, du pain*, c'est-à-dire *une portion de bois, de feu, un morceau de pain; j'ai vu des hommes, des soldats*, c'est-à-dire *un certain nombre d'hommes, de soldats*.

## § 1.

L'article ne se joint pas aux noms propres de personnes, hommes ou femmes, parce que le genre de ces noms est toujours facile à distinguer. On dit sans article : *Annibal*, *Napoléon*, *Elisabeth*.

Quand les noms propres sont employés au pluriel, ils prennent l'article ; d'abord, parce que, sans l'article, on ne saurait pas qu'ils sont au pluriel ; ensuite parce que ces noms, en passant au pluriel, sont devenus des noms communs.

*Les Alexandres*, *les Césars* sont les noms communs de ceux qui ressemblent à *César*, à *Alexandre* par le génie, le courage et la grandeur d'âme.

Si quelquefois on emploie l'article au pluriel devant des noms propres qui restent au singulier, et qui, par conséquent, ne désignent qu'une personne, comme quand on dit : *les Platon*, *les Pascal*, *les Bossuet*, c'est parce que, pour faire honneur à ces grands hommes, on les considère comme si chacun d'eux valait plusieurs individus réunis.

D'autres fois l'emploi de l'article, même au singulier, devant un nom propre de femme ou d'homme, suppose un nom commun sous-entendu ; *la Champmêlé*, *la Duchesnois*, *le Tasse*, *le Titien*, signifient l'actrice *Champmêlée* ou *Duchesnois*, le poète *Tasse*, le peintre *Titien*.

En général, l'article au singulier, placé devant un nom français d'homme ou de femme, indique une idée de mépris. On sous-entend presque toujours l'un de ces mots : *le fat*, *le sot*, *le drôle* (qui se nomme monsieur un tel).

L'article se supprime généralement devant les noms propres de villes. On dit, sans article : *Rome*, *Paris*, *Londres* ; cependant on dit : *le Kaire*.

Si devant les noms propres de rivières, de montagnes, de pays, l'article est conservé, c'est à cause d'un nom commun sous-entendu.

On dit *la Saône*, *le Rhin*, *le Caucase*, *la Russie*, *la France*, pour la rivière qui s'appelle *Saône*, le fleuve *Rhin*, le mont *Caucase*, la contrée qui se nomme *Russie*, *France*, etc.

L'article se supprime aussi devant les noms abstraits et les noms communs, au singulier comme au pluriel, quand on personnifie les choses que ces noms désignent.

On dit : *honneur et patrie*, sont ma devise.

*Courage et prudence* doivent marcher ensemble.

*Cieux et terre*, parlez!

Il se supprime encore devant les mêmes noms quand on veut les employer dans un sens général et tout-à-fait indéterminé. On dit donc, sans article : *prenez patience, faites-moi plaisir*.

Si on voulait déterminer spécialement le sens des mots *plaisir* et *patience*, il faudrait employer l'article. Ex. : *prenez la patience d'attendre; faites-moi le plaisir d'écouter*.

Ainsi la suppression de l'article devant un nom abstrait ou commun laisse ce nom dans son sens le plus vague; tandis que l'emploi de l'article contribue à en déterminer le sens.

Cependant l'article seul ne suffit pas pour donner aux noms toute la précision dont ils ont besoin ; il faut souvent recourir à des mots plus significatifs.

Ces mots sont les déterminatifs *démonstratifs*, *possessifs* et *de quantité*.

# CHAPITRE XXXIII.

**Déterminatifs démonstratifs et possessifs.**

Les déterminatifs possessifs ont pour objet de *déterminer* les rapports entre les personnes qui *possèdent* et ce qu'elles possèdent.

Ces déterminatifs varient donc :

1° Selon les différentes personnes du langage.

2° Selon le genre et le nombre du nom de ce qu'elles possèdent.

Si les personnes et le nom sont également du singulier et que le nom soit au masculin, le déterminatif possessif est :

Première personne, *mon.*  
Seconde personne,   *ton.*  } *père.*  
Troisième personne, *son.*

Pour un nom feminin le possessif est :

Première personne, *ma.*  
Seconde personne,   *ta.*  } *mère.*  
Troisième personne, *sa.*

Pour adoucir la prononciation les possessifs féminins *ma, ta, sa* se changent en *mon, ton, son*, devant une voyelle ou un *h* muet. On dit : *mon âme, ton amitié, son espérance*, au lieu de *ma âme, ta amitié*, etc.

Pour un nom au pluriel, les personnes restant au singulier, le déterminatif est, dans les deux genres :

Première personne, *mes.*  
Seconde personne,   *tes.*  } *frères* ou *sœurs.*  
Troisième personne, *ses.*

Si les personnes sont au pluriel et le nom au singulier, le possessif est, pour les deux genres :

Première personne, *notre.*
Seconde personne, *votre.*     } *père* ou *mère.*
Troisième personne, *leur.*

Quand les personnes et le nom sont tous deux au pluriel, le possessif est dans les deux genres :

Première personne, *nos.*
Seconde personne, *vos.*     } *frères* ou *sœurs.*
Troisième personne, *leurs.*

Les déterminatifs démonstratifs sont ainsi appelés parce qu'ils indiquent les êtres comme si on les montrait : *cet homme, cette femme.* Cependant ils ont quelquefois pour objet seulement de rappeler les êtres dont on a parlé. Ex. : *vous m'avez donné un livre, ce livre je l'ai lu.*

Les déterminatifs démonstratifs sont :

Pour le masculin *ce* et *cet.*

*Ce* devant les noms qui commencent par une consonne ou un *h* aspiré : *ce lion, ce héros.*

*Cet* devant une consonne ou un *h* muet : *cet enfant, cet homme.*

Pour le féminin *cette* : *cette femme, cette vertu.*

Pour le pluriel des deux genres *ces* : *ces femmes, ces hommes.*

Les déterminatifs soit possessifs, soit démonstratifs, servent, comme l'article, à indiquer le genre et le nombre des noms auxquels ils s'unissent; mais cet objet, qui est le principal de l'article, n'est pour eux qu'accessoire.

Leur principale fonction est de déterminer, avec précision, le sens du nom commun qu'ils accompagnent, en indiquant à quels êtres en particulier ce nom commun doit s'appliquer.

Le nom commun, quand il est seul, n'a qu'un

sens général, vague ou indéterminé, comme *arbre*, *plante*, *animal*, *homme*, il s'applique indistinctement à tous les êtres du genre ou de l'espèce dont il est le nom.

Quand on veut employer le nom commun pour désigner un être ou quelques êtres en particulier, il faut nécessairement recourir à des mots qui restreignent le sens du nom commun aux seuls êtres qu'on veut désigner. Ex. : *cet homme, cette plante; ma maison, mon habit.*

Les noms propres d'hommes ou d'êtres réels, ayant déjà par eux-mêmes un sens déterminé et précis, n'ont pas besoin d'un autre mot pour déterminer leur signification.

Aussi les démonstratifs et les possessifs ne se joignent-ils pas aux noms propres.

Si quelquefois ils paraissent s'y joindre, c'est parce qu'on sous-entend avant le nom propre un nom commun avec lequel le déterminatif s'unit dans la pensée.

Cette union apparente du déterminatif avec le nom propre n'a lieu que pour témoigner une tendresse particulière, ou bien du mépris pour quelqu'un.

Une mère dira, en parlant de son fils : *mon Alfred*, de sa fille : *ma Sophie*, sous-entendant le mot *fils* ou *fille*.

En parlant d'un homme vil, méchant ou ridicule, on dira : *ce*, *cet*, (un tel), d'une femme *cette*, (une telle), sous-entendant les mots homme ou femme, quelquefois même des noms injurieux.

# CHAPITRE XXXIV.

## Des déterminatifs de quantité.

### § 1.

La quantité comprend, non-seulement les êtres considérés comme autant d'individus qui se comptent, mais encore les différentes parties entre lesquelles chaque être peut se diviser.

De là deux sortes de déterminatifs de quantité; les uns ont pour objet de déterminer les êtres relativement au nombre, les autres de déterminer les parties entre lesquelles un être est divisé; les premiers peuvent s'appeler *déterminatifs numéraux*, les autres *déterminatifs partitifs*.

Les déterminatifs numéraux désignent, les uns le nombre des êtres, les autres le rang ou l'ordre qu'un être occupe dans un nombre.

Les premiers expriment des nombres *cardinaux*.

Les seconds des nombres *ordinaux*.

### § 2.

#### Nombres cardinaux.

Les nombres cardinaux sont simples et composés.

Les nombres simples sont un, deux, trois, etc., jusqu'à dix.

Au-delà de dix tous les nombres cardinaux sont composés; onze, c'est un et dix; douze, deux et dix; treize, trois et dix; vingt, deux fois dix; trente, trois fois; quarante, quatre fois; cinquante, cinq fois dix.

Le premier nombre, *un*, est considéré tantôt comme *adjectif*, tantôt comme *article*.

Il est adjectif quand il détermine le nombre.

Ex. : *Un Français contre trois Anglais.*

Il est article quand on l'emploie à la place de *le, la,* pour déterminer le genre. Ex. : J'ai vu *une* femme. C'est *un* homme et non *un* fantôme que j'ai vu.

Dans l'un et l'autre cas il s'accorde en genre avec le substantif qu'il accompagne.

*Tel* a tantôt le sens de *un,* ex. : *Tel* homme vous parlera d'une manière, *tel* autre d'une manière différente; tantôt le sens de *même,* ex. : Je l'ai trouvé *tel* qu'on me l'avait dit. Dans le dernier sens il est toujours suivi de *que.*

Certains nombres cardinaux sont considérés comme de véritables substantifs et ils en suivent les règles. Ce sont ceux qui se présentent dans le discours comme précédés d'un autre nombre qui les multiplie.

*Million, milliard* sont toujours pris substantivement: ils ont le singulier et le pluriel; on dit : un million, un milliard, deux millions, trois milliards ; le milliard de dettes ou les milliards de dettes d'un état.

Il en est de même des nombres *vingt* et *cent.* On dit : *quatre-vingts, deux cents,* avec la marque du pluriel.

Cependant ces nombres ne prennent pas la marque du pluriel s'ils sont suivis d'un autre nombre; on dit : *quatre-vingt-deux, trois cent-quatre,* comme s'il n'y avait qu'une fois *vingt,* et une fois *cent.*

Le nombre *mille,* ne prend pas la marque du pluriel : *un mille, dix mille,* excepté quand il désigne une mesure itinéraire dont le nom est sous entendu. On dit alors : *un mille, deux milles anglais;* c'est-à-dire *deux mille pas anglais.*

Si le mot *pas* était exprimé, mille redeviendrait invariable : *dix mille pas.*

*Mille,* employé comme date dans l'ère chrétienne,

s'écrit par abréviation *mil* : l'an *mil deux cent; mil huit cent quarante sept.*

Avant l'ère chrétienne il s'écrit *mille*. On dit : l'an *mille* ou deux *mille* avant J.-C.

On a formé d'autres substantifs avec certains nombres cardinaux en y ajoutant la terminaison *aine*, comme *une huitaine, une dixaine, deux douzaines.*

Les plus usités sont : *huitaine, neuvaine, dixaine, douzaine, quinzaine, vingtaine, trentaine, quarantaine, cinquantaine, soixantaine, nonantaine, centaine, millier.*

Parmi ces noms de nombre, les seuls qui soient en usage au pluriel sont : *neuvaine, dixaine, douzaine, centaine, millier.* On dit : *faire des neuvaines, acheter deux douzaines d'œufs, vendre trois milliers de foin.*

## § 3.

### Nombres ordinaux.

Les nombres ordinaux marquent le rang ou l'ordre des êtres dans une quantité; comme *premier, second* ou *deuxième, troisième, quatrième,* etc.

Les nombres ordinaux sont formés des nombres cardinaux.

Ce sont de véritables adjectifs, s'accordant en genre et en nombre avec les substantifs auxquels ils sont joints. Ex : Cet enfant est le *premier* de sa classe; ces fleurs sont les *dernières* de l'année.

A la place des nombres ordinaux on emploie quelquefois les nombres cardinaux. On dit : page *deux, trois, quatre,* pour page *deuxième, troisième,* etc., ou plutôt pour page portant le n° *deux, trois, quatre.*

## § 4.

### Déterminatifs partitifs.

Les déterminatifs partitifs désignent les parties entre lesquelles un être ou un tout a été divisé.

Les parties d'un tout divisé en *deux*, *trois*, *quatre*, *cinq*, *etc.*, prennent le nom de *demie* ou *moitié*, *tiers*, *quart*, *cinquième*.

Ces mots sont de véritables substantifs; ils participent aux deux nombres, le singulier et le pluriel, et l'on peut y joindre des adjectifs comme aux substantifs ordinaires. On dit : *une petite moitié, deux grands tiers, trois bons quarts,* etc.

Excepté *moitié*, tous les nombres partitifs sont du genre masculin ; et, à partir du *quart*, tous les nombres partitifs se terminent en *ième*, comme les nombres ordinaux. Ex. : *un cinquième, un sixième, un septième, un vingtième, un centième,* etc.

Ce qui les distingue des nombres ordinaux c'est leur nature et leur sens. Les nombres ordinaux sont adjectifs, les nombres partitifs sont substantifs; ceux-ci expriment les parties d'un être ou d'un tout, ceux-là le rang qu'un être occupe dans un nombre.

On emploie quelquefois les nombres cardinaux à la place des nombres partitifs. Au lieu de dire : *un huitième, un douzième* d'une mesure, d'une aune ou d'un mètre de drap, par exemple, on dit : *un huit, un douze.*

Les nombres cardinaux s'unissent aux nombres partitifs comme à tout autre substantif. On dit : *un demi, deux tiers, trois quarts, quatre cinquièmes, cinq dixièmes,* etc.

Dans la numération ces deux nombres réunis indiquent les *fractions*. Le nombre partitif *demi, tiers*.

*quart*, etc., fait voir en combien de parties un tout a été divisé, et le nombre cardinal *un, deux, trois, quatre*, désigne le nombre de ces parties.

§ 5.

### Déterminatifs de quantité vague.

Les déterminatif précédents indiquent d'une manière précise la quantité des êtres dont on parle.

Mais il en est d'autres qui ne l'indiquent que d'une manière vague ou indéfinie. Tels sont *tout, aucun, nul, quelque, quelconque, chaque, plusieurs, certain*.

Quand on veut parler d'une chose sans en excepter aucune de ses parties, ou d'une espèce d'êtres sans en excepter un seul individu, on se sert du mot *tout*.

Ce mot se prend substantivement, toutes les fois qu'il signifie le tout, la totalité d'une chose, et qu'il est joint à un verbe, à un adjectif, ou à un nombre. Ex. : *Un tout; tout est perdu; la terre tout entière*. Dans ce cas le mot *tout* reste invariable.

Il est adjectif quand il s'unit à un substantif. On dit : *tous les hommes, toutes les femmes, toute l'eau de la mer, tout l'univers*.

*Aucun, nul*, servent à exclure tous les êtres d'un genre de ce qu'on pourrait attribuer à ce genre : *aucun homme n'est immortel; nulle contrée n'est interdite à l'homme*.

Ces mots sont adjectifs, ils s'accordent en genre avec leurs substantifs.

*Aucun* prend quelquefois le pluriel, mais alors il signifie *quelques-uns*. Ex. : *aucuns disent*.

*Nul* se prend quelquefois dans le sens de *néant*, de *rien*. Ex.: cet homme est *nul*; c'est une femme *nulle*; c'est-à-dire sans valeur, sans qualité. Alors il se place après le subtantif, tandis que dans le premier sens il se place avant.

*Tout, chaque, quelconque* ont au fond le même sens : ils indiquent qu'on parle d'une collection d'êtres sans en excepter aucun. Mais *tous* fait penser à la collection entière, *chaque* aux différents individus qui la composent, et *quelconque* ajoute à la signification de chaque individu l'idée de *quel qu'il soit.* Ex. : *Tout homme est mortel ; chaque homme est mortel ; envoyez-moi un homme quelconque.*

*Chaque* et *quelconque* ne varient pas selon les genres, et ils n'ont que le singulier.

*Certain* et *quelque* signifient à peu près la même chose. Ex.: *quelque homme m'a dit ; certain homme m'a dit.* Ces deux mots ont le pluriel : *quelques hommes, certains hommes.* Mais *certain* seul a les deux genres : *certain homme, certaine femme.*

*Certain* s'emploie comme adjectif dans le sens d'*assuré : ce fait est certain, c'est une nouvelle certaine.*

*Certains* et *quelques*, au pluriel, désignent un petit nombre d'individus.

Pour désigner un nombre considérable de personnes ou de choses, on se sert du mot *plusieurs,* qui n'a pas de singulier, ni de féminin. Ex. : *plusieurs personnes me l'ont dit.*

Le mot *des,* composé de la préposition *de* et de l'article *les,* est de tous ces mots celui qui a la signification la plus vague ; il peut dire plus que *quelques*, et moins que *plusieurs.* Dans ces phrases : *des hommes m'ont appelé ; j'ai vu des oiseaux,* le mot *des* peut désigner aussi bien un grand qu'un petit nombre.

# CHAPITRE XXXV.

## Des pronoms.

### § 1.

Le pronom est un mot qui s'emploie dans le discours à la place d'un nom précédemment exprimé.

Il rappelle le sens de ce nom comme s'il était le nom même.

C'est pourquoi il en prend le genre et le nombre.

Les pronoms abrégent et varient le discours en écartant les répétitions monotones.

Au lieu de dire : *Dieu* créa *l'homme*, *Dieu* plaça *l'homme* dans un *lieu* de délices et *Dieu* fit sortir *l'homme* d'un *lieu* de délices après la désobéissance de *l'homme;* les pronoms permettent de dire sans monotonie : Dieu créa l'homme *qu'il* plaça dans un lieu de délices *dont il le* fit sortir après sa désobéissance.

Les pronoms sont de deux sortes ; absolus et relatifs.

### § 2.

## Pronoms absolus.

Les pronoms absolus se divisent en pronom *personnel* et pronoms *déterminatifs.*

Le pronom personnel est ainsi appelé parce qu'il est le nom même de la troisième personne du langage.

Ce pronom se modifie selon le genre et le nombre du nom qu'il remplace et selon le cas où on l'emploie.

NOMINATIF.
> Singulier masculin *il*, feminin *elle.*
> Ex. : *Il* vient, *elle* vient.
> Pluriel masculin *ils* ou *eux*, féminin *elles.* Ex. : *Ils* viennent, *elles* viennent.

|   |   |
|---|---|
| **Accusatif.** | Singulier masculin *le*, féminin *la*, *se* pour les deux genres. Ex. : Je *le* vois, je *la* vois, il ou elle *se* présente.<br>Pluriel pour les deux genres *les*, *se*. Ex. : Je *les* vois, ils ou elles *se* parlent. |
| **Attributif.** | Singulier pour les deux genres *lui*, *soi*, *en*, *y*. Ex. : Je *lui* parle ( à cet homme ou à cette femme ).<br>Pluriel pour les deux genres *leur*, *soi*, *en*, *y*. Ex : Je *leur* parle ( à ces hommes ou à ces femmes ). |

## § 3.

### Pronoms déterminatifs.

Tous les déterminatifs peuvent devenir pronoms; parce qu'après avoir été employés avec un nom commun pour en fixer le sens, ils peuvent l'être ensuite seuls, comme rappelant suffisamment à l'esprit l'idée du nom auquel ils étaient joints.

Les pronoms déterminatifs se divisent en démonstratifs et possessifs, numéraux et indifinis.

## § 4.

### Pronoms démonstratifs.

Les pronoms démonstratifs sont :

| Singulier : | | Pluriel : | |
|---|---|---|---|
| *Masculin,* | *féminin.* | *Masculin,* | *féminin.* |
| Ce, | | | |
| Celui, | celle. | Ceux, | celles. |
| Celui-ci, | celle-ci. | Ceux-ci, | celles-ci. |
| Celui-là, | celle-là. | Ceux-là, | celles-là. |
| Ceci. | | | |
| Cela. | | | |

*Ce*, *celui*, *celle*, *ceux*, *celles* ne s'emploient comme pronoms que suivis du relatif *qui* ou *que*. Ex. : J'entends *ce que* vous dites, je vois *celui que* vous montrez, *celles qui* s'approchent, *ceux qui* partent.

Les autres pronoms démonstratifs *celui-ci*, *celle-ci*, *ceux-ci*, *etc.*, s'emploient sans le relatif.

Ils sont composés du pronom *ce*, *celui*, *celle* et de l'adverbe de lieu, *ici*, *là*. *Celui-ci*, *celle-là*, *ceux-ci* sont pour *celui qui est ici*, *là*. *Ceci*, *cela* sont pour *ce qui est ici* ou *là*.

§ 5.

### Pronom possessif.

Le pronom possessif n'est que le déterminatif possessif, *mon*, *ton*, *son*, *notre*, *votre*, *leur*, modifié dans sa terminaison et employé sans un nom.

Quand le déterminatif possessif devient pronom, il est précédé de l'article *le*, *la*, *les*, comme s'il était le nom même.

On dit : *le mien*, *le nôtre*, *la tienne*, *la vôtre*, etc.

Le pronom possessif varie comme le déterminatif, selon les différentes personnes du langage, selon le genre et le nombre du nom dont il tient la place.

|  | SINGULIER. | PLURIEL. |
|---|---|---|
|  | *Masculin, féminin.* | *Masculin, féminin.* |
| 1re pers. | Le mien, la mienne. | Les miens, les miennes. |
| 2e pers. | Le tien, la tienne. | Les tiens, les tiennes. |
| 3e pers. | Le sien, la sienne. | Les siens, les siennes. |

Le pronom possessif *notre*, *votre*, *leur* est le même pour les deux genres.

| SINGULIER. | PLURIEL. |
|---|---|
| *Masculin, féminin.* | *Masculin, féminin.* |
| Le nôtre. | Les nôtres. |
| Le vôtre. | Les vôtres. |
| Le leur. | Les leurs. |

Ex. : Cette maison c'est la *mienne* ou la *nôtre*, ce livre est le *tien* ou le *vôtre*, ces fruits sont les *siens* ou les *leurs*.

Mais ce pronom prend un accent circonflexe sur l'ô, ce qu'il n'avait pas étant simple déterminatif. On dit : *notre* maison est maintenant la *vôtre*.

Il ne faut pas confondre le pronom possessif *leur*, *leurs* avec *leur*, pronom personnel. Ce qui les distingue, c'est que ce dernier ne prend jamais le pluriel; ensuite que le pronom personnel se traduit par *à lui*, *à eux*, tandis que le possessif se traduit par *de lui*, *d'eux*.

Dans cet exemple : *Je leur déplais*, *leur* est pronom personnel, (je déplais *à eux*). Dans cet autre : *ces maisons sont les leurs*, il est possessif; il signifie les maisons *d'eux*.

## § 6.

### Pronoms numéraux.

Les déterminatifs de quantité, cardinaux, ordinaux ou partitifs deviennent pronoms, ils tiennent la place d'un nom, toutes les fois qu'on les emploie dans le discours sans le nom auquel ils devraient être joints.

Dans cet exemple : sa galerie renferme *dix tableaux*, *deux* de Raphaël, *trois* du Titien, *cinq* de Rubens, les nombres cardinaux *deux*, *trois*, *cinq* suppléent au mot tableau et dispensent de le répéter ; ce sont des pronoms.

Les nombres cardinaux pris substantivement : un *mille*, deux *millions*, trois *milliards*, sont de véritables pronoms; comme une *dizaine*, une *douzaine*, etc.

Il en est de même des nombres ordinaux. Après avoir parlé de deux hommes, on dit : le *premier*, le *dernier* ou le *second*, sans qu'il soit besoin de répéter les noms de ces deux hommes ;

*L'un et l'autre* ont le même sens que le premier et le second ; ils sont également pronoms.

Il en est encore de même des nombres partitifs. Ex.: une armée entre en campagne, la *moitié* arrive au but, le *quart* tombe sous le fer de l'ennemi, l'autre périt dans les difficultés de la marche ; les nombres partitifs *moitié*, *quart*, sont de véritables pronoms, comme le sont un *cinquième*, un *dixième, etc.*

<h3 style="text-align:center">§ 7.</h3>

### Pronoms indéfinis.

Les pronoms indéfinis sont généralement des déterminatifs numéraux dont le sens est vague.

Les principaux sont :

*On*, qui signifie les hommes : *on dit, on pense, on croit*, pour : les hommes disent, pensent, etc.

*Chacun*, qui signifie tout homme pris en particulier. Ex. : chacun s'occupe de ses affaires.

*Autrui*, qui signifie une autre personne. Ex. : ne faites pas *à autrui* ce que vous ne voudriez pas qu'on vous fît.

*Personne*, *aucun*, *nul*, qui ont à peu près le même sens. Ex. : personne ne parle, aucun n'écoute, etc.

Enfin : *quiconque, tous, certain, quelqu'un.*

Tous les déterminatifs sont pronoms quand on les emploie sans un nom : ceux qui sont joints à un nom restent simplement *déterminatifs.*

<h3 style="text-align:center">§ 8.</h3>

### Pronoms relatifs.

Les pronoms relatifs sont composés d'un des pronoms précédents réuni, soit seulement à la conjonction *que*, comme *qui, quoi, lequel*, soit encore à la préposition *de* ou *a*, comme *dont, duquel, auquel.*

*Qui, lequel, laquelle, lesquelles*, sont composés de

la conjonction *que* et des pronoms *il*, *elle*, *le*, *la*, *les*.

*Auquel*, *duquel*, *desquelles* renferment en outre les prépositions *à* et *de*.

Ces pronoms sont appelés *relatifs*, parce qu'à l'aide de la conjonction et de la préposition qu'ils renferment, ils expriment le rapport entre le nom dont ils tiennent la place et ce qu'on dit de ce nom. Ex. : Dieu *qui* a crée le monde ; les hommes *auxquels* vous parlez, *lesquels* vous répondent, *dont* ou *desquels* vous entendez les plaintes, etc.

# CHAPITRE XXXVI.

**Du déterminatif des attributifs ou de l'adverbe.**

### § 1.

L'adverbe est ainsi appelé parce qu'il est souvent joint au *verbe*.

Cependant il se joint également aux *adjectifs* et même à d'autres adverbes.

Dans cet exemple : c'est un roi *vraiment* grand, qui gouverne *sagement* et qui occupera *très-justement* une belle place dans l'histoire, les mots *vraiment*, *sagement* sont des adverbes ; le premier détermine le sens de l'adjectif *grand*, le second celui du verbe *gouverne*.

*Très* et *justement* sont également deux adverbes dont le premier détermine le sens du suivant.

L'adverbe a un double objet ; il détermine la *forme* et il détermine le *fond* ou le *sens* des mots auxquels il est joint. De là des adverbes *formels* et des adverbes *significatifs*.

### § 2.

**Des adverbes formels.**

Les adverbes formels ne se joignent qu'aux verbes ;

ils en déterminent la forme *affirmative* ou *négative*, *interrogative* ou *dubitative*.

Les adverbes affirmatifs sont : *oui*, *ainsi*, *si*, *certes*, *certainement*, *assurément*, *sans doute*.

Les négatifs : *non*, *ne*, *ni*, *point*, *pas*, *ne point*, *ne pas*, *pas même*, *pas* ou *point du tout*, *nullement*, *ni plus ni moins*.

Les interrogatifs : *est-ce que ? comment ? pourquoi ?*
Les dubitatifs : *peut-être*, *probablement*.

### § 3.

#### Des adverbes significatifs.

Les adverbes *significatifs* déterminent le *sens* des attributifs auxquels ils sont joints.

Les uns sont communs aux verbes et aux adjectifs; les autres se joignent spécialement aux verbes.

Les adverbes communs aux verbes et aux adjectifs sont de deux sortes :

Les uns déterminent la *manière* dont il faut entendre la *qualité* exprimée par l'adjectif ou le *fait* exprimé par le verbe; les autres en déterminent la *quantité*.

De là des adverbes de *mode* ou de *manière*, et des adverbes de *quantité*.

La plupart des adverbes de manière sont formés des adjectifs, et la plupart des adjectifs qui deviennent adverbes prennent la terminaison *ment*.

Tels sont : *grandement, fortement, faiblement, sciemment, savamment, heureusement, malheureusement*, etc., qui équivalent à ces expressions : *d'une manière grande, forte, faible*.

Mais quelquefois les adjectifs deviennent adverbes sans subir aucun changement.

Dans ces expressions : frapper *fort*, chanter *juste*,

marcher *droit*, courir *vite*, voler *même*, les adjectifs *fort*, *juste*, *droit*, *vite*, *même*, sont transformés en adverbes.

On connaît que les adjectifs sont devenus adverbes quand ils sont joints à un *verbe* ou à un *adjectif* au lieu de l'être à un *nom*.

Les adverbes *de manière* qui ne viennent pas des adjectifs sont : *ainsi*, *allez*, *bien*, *comme*, *comment*, *gratis*, *mal*, *mieux*, *pis*, *jusque*, *quasi*, *volontiers*.

Les adverbes de quantité sont de deux sortes : les uns expriment l'étendue, le degré d'une qualité ou un fait, comme *peu*, *beaucoup*, *trop*, *moins*, *plus*, *très*, *fort*, *assez*, *aussi*, *tant*, *autant*, *surtout*, *davantage*, *guère*, *pire*, *que* ou *combien*.

Les autres indiquent la quantité numérale, c'est-à-dire le nombre de fois qu'une qualité se trouve dans un être ou qu'un fait a eu lieu; comme *une fois*, *deux fois*, *quatre fois*, *souvent*, *parfois*, *quelquefois*.

Ces derniers adverbes se joignent le plus souvent à des verbes, et les premiers à des adjectifs ou à d'autres adverbes.

Les adverbes spécialement associés aux verbes sont ceux qui expriment des idées relatives à des *faits*.

Deux idées se rapportent particulièrement aux faits, ce sont les idées de temps et de lieu; car les faits s'accomplissent dans un lieu et se passent dans un temps.

De là des adverbes de *temps* et de *lieu*.

Les adverbes de lieu sont comme des pronoms qui remplacent le nom :

Du lieu *où l'on est* et de celui *où l'on n'est pas*.

Du lieu *d'où l'on vient* et de celui *où l'on va*.

Enfin du lieu *par où l'on passe*.

Ces adverbes sont, les uns simples, comme *ici*, *ci*,

*ça*, *là*, *où*, *en*, *y ;* les autres composés, tels que : *de là d'ici*, *d'où*, *d'y*, *d'en*, *par ici*, *par où*, *par là*.

Aux adverbes de lieu il faut ajouter ceux qui marquent la position : *ailleurs*, *alentour*, *céans*, *dedans*, *dehors*, *derrière*, *dessous*, *devant*, *en deça*, *au delà*, *jusque*, *loin*, *partout*, *près*.

Les adverbes de temps ont un double objet ; les uns déterminent à quel temps un fait passé, présent ou futur se rapporte ; les autres combien de temps il dure.

En d'autres termes : ceux-ci déterminent *la durée* d'un fait, comme : *un instant*, *longtemps*, *encore*, *soudain*, *toujours ;*

Ceux-là déterminent son époque, tels sont : *alors*, *aujourd'hui*, *auparavant*, *aussitôt*, *autrefois*, *bientot*, *déjà*, *demain*, *dernièrement*, *désormais*, *enfin*, *ensemble*, *ensuite*, *environ*, *hier*, *incessamment*, *jadis*, *jamais*, *lors*, *maintenant*, *naguère*, *précédemment*, *postérieurement*, *puis*, *quand*, *simultanément*, *tantôt*, *atrd*, *tot*.

§ 4.

**Locutions abverbiales.**

On appelle ainsi plusieurs mots pris ensemble pour un seul adverbe.

Comme les adverbes, les locutions adverbiales sont de plusieurs espèces.

Il y en a de manière : *à la fois*, *à l'envi*, *à part*, *à regret*, *d'accord*, *de même*, *par hasard*, *pêle-mêle*, *tour à tour*.

De quantité : *au moins*, *au reste*, *de plus*, *du moins*, *du reste*, *ni plus ni moins*.

De lieu : *ça et là*, *ci-après*, *ci-devant*, *ci-contre*, *ci-inclus*, *ci-joint*, *d'ailleurs*, *de là*, *de ça*, *en avant*, *jusque-là*, *là dedans*, *nulle part*, *quelque part*.

De temps : *à jamais, après demain, à présent, avant-hier, de suite, dès lors, d'ordinaire, dorénavant, en un clin d'œil, tôt ou tard, tout de suite.*

Les adverbes et les locutions adverbiales sont invariables, parce que l'idée abstraite que ces mots expriment ne peut subir aucune modification.

# CHAPITRE XXXVII.

### Des déterminatifs relatifs.

Les déterminatifs relatifs sont des mots qui expriment les rapports des *êtres* et des *faits.*

On appelle *termes* les mots qui expriment les êtres ou les faits qui sont en rapport entre eux.

Tout rapport a deux termes ; le premier se nomme l'*antécédent,* l'autre le *conséquent.*

Dans cet ex. : L'*autel de la patrie*, l'antécédent est *autel,* le conséquent est *patrie; de* exprime le rapport.

Dans cet autre : *Il faut que je travaille,* l'antécédent est *il faut,* le conséquent *travaille,* le rapport est exprimé par *que.*

Les rapports qui portent sur des êtres, qui ont pour *conséquent* un substantif ou un mot équivalent, sont exprimés par des *prépositions.*

Les rapports qui portent sur des *faits,* qui ont un verbe pour conséquent, s'expriment par des *conjonctions.*

### De la préposition.

La préposition exprime les rapports, soit entre deux substantifs, soit entre un verbe et un substantif.

Les êtres dont la préposition exprime les rapports, sont :

Ou des *personnes*, comme quand on dit : Dieu est *au-dessus* des rois ; ou des *choses,* comme dans cet exemple : les astres *du* ciel.

Et ces choses sont, soit des substances réelles, comme dans l'exemple précédent : *les astres du ciel*, soit des substances abstraites désignées par des substantifs ou par des infinitifs de verbes qui ont la valeur de substantifs, comme : la vertu *sans* la science, le courage *avec* la prudence, le temps *de* travailler, la force *pour* vaincre.

Ces mots *au-dessus*, *du*, *sans*, *avec*, *de*, *pour*, sont des prépositions ; elles unissent des substantifs entre eux.

Dans ces exemples : *je pars pour Rome, tu reviens de Paris, le bois flotte sur l'eau, il se plonge dans le vice ;* les prépositions *pour, de, sur, dans*, expriment des rapports entre les verbes *il part, tu reviens*, etc., et les substantifs qui les suivent, *Rome, Paris*, etc.

La préposition est donc un mot qui exprime les rapports existant entre des substances réelles ou abstraites désignées par des substantifs, ou entre des substances et des faits exprimés par des verbes.

On l'appelle *préposition*, parce qu'elle se place toujours avant l'un des mots qu'elle unit.

Le mot devant lequel elle se place est toujours un substantif ou un mot équivalent au substantif.

Les rapports entre les mots ou entre les choses que les mots désignent sont innombrables ; mais on peut les réduire au petit nombre de catégories suivantes dans lesquelles se rangent les prépositions.

Rapports de *convenance*, d'union, ou d'ensemble, exprimés par les prépositions : *avec, selon, suivant.*

Rapports de *disconvenance*, c'est-à-dire de séparation, d'exclusion ou d'opposition, exprimés par les prépositions : *excepté, hors, hormis, malgré, nonobstant, outre, sauf, sans.*

Rapports d'*origine*, *de cause* et de *propriété* qui rattachent un être, un objet quelconque au lieu d'où il sort, à l'être qui l'a produit ou auquel il appartient et qui s'expriment par : *de, en, par, moyennant.*

Rapports *de but* ou de *destination*, exprimés par les prépositions : *à, concernant, envers, pour, vers.*

Rapports d'*ordre* ou de *position*, soit dans le lieu, soit dans le temps, qui s'expriment par les prépositions : *après, attendu, avant, autour, à l'entour, chez, contre, dans, depuis, derrière, dès, devant, devers, par devers, durant, en, entre, joignant, parmi, près, proche, sous, sur, supposé, vers, vis-à-vis, voici, voilà, vu.*

Enfin il y a des prépositions composées de plusieurs mots réunis et qu'on appelle *locutions prépositives.* Voici la liste des principales.

**Locutions prépositives.**

| | | |
|---|---|---|
| A côté de | auprès de | par dessus. |
| A cause de | autour de | près de. |
| A l'égard de | au travers de | proche de. |
| A l'exception de | avant de | quant à. |
| A travers de | en deçà de | vis-à-vis. |
| Au delà de | en faveur de | y compris. |
| Au-dessous de | jusqu'à | non compris. |
| Au-dessus de | loin de. | |
| Au devant de | par delà. | |

# CHAPITRE XXXVIII.

### De la conjonction.

La *conjonction* exprime les rapports avec *les faits,* elle ne porte que sur des *verbes* ; ce sont des verbes qu'elle *gouverne,* qu'elle force à prendre les modes exigés par les règles du langage.

Elle a pour objet d'unir les différents membres d'une proposition ou d'une phrase.

Dans cet exemple : j'arrivais *lorsque* vous êtes entré *et que* vous m'avez interrompu; les mots *lorsque*, *et*, *que*, sont autant de conjonctions.

Quelquefois les conjonctions se placent au commencement d'une proposition ou d'une phrase; mais c'est toujours pour exprimer le rapport entre les différents membres de cette proposition ou de cette phrase.

Dans les phrases suivantes : *lorsqu'il* fut arrivé je partis; *tandis que* vous parliez je dormais, les conjonctions *lorsque*, *tandis que*, expriment le rapport entre les deux verbes de chaque phrase. C'est comme si on disait : je partis *lorsqu'il* fut arrivé; je dormais *tandis que* vous parliez.

Dans tous les cas les conjonctions ne portent que sur des *faits*; ce sont des faits, exprimés par des verbes, que les conjonctions rattachent les uns aux autres, et non des êtres désignés par des substantifs.

Les différents membres d'une phrase n'expriment pas tous des idées qui se conviennent : quelquefois ces idées se conviennent, d'autres fois elles ne se conviennent pas, et d'autres fois encore elles se conviennent ou ne se conviennent pas moyennant une condition ou une restriction.

De là d'abord deux sortes de conjonctions : les *absolues* et les *conditionnelles;* puis la division des conjonctions absolues en deux classes; les unes exprimant l'*union* ou la *convenance* des idées, les autres qui en expriment la *séparation* ou la *disconvenance*.

Les conjonctions *car*, *comme*, *donc*, *et*, *partant*, *puis*, *quand*, *que*, *lorsque*, *parce que*, *puisque*, expriment des rapports de convenance.

Les conjonctions *ni*, *néanmoins*, *ou*, *quoique*, expriment des rapports de disconvenance.

Les conjonctions conditionnelles sont : *cependant*, *mais*, *pourtant*, *si*, *sinon*.

Enfin il y a des conjonctions composées de plusieurs mots qui s'emploient comme s'il n'y en avait qu'un seul et qu'on appelle *locutions conjonctives*.

Telles sont : *afin que, ainsi que, à moins que, au moins, du moins, au reste, du reste, au surplus, c'est pourquoi, par conséquent, au contraire, sans que*, en un mot toute expression composée de la conjonction *que*.

# CHAPITRE XXXIX.

## Distinction de la préposition, de la conjonction et de l'adverbe.

Pour distinguer la préposition de la conjonction, il suffit de se rappeler l'objet et la définition de chacune d'elles.

La préposition porte toujours sur un *être*, sur une chose réelle ou abstraite exprimée par un *substantif*.

La conjonction porte toujours sur un *fait* exprimé par un *verbe* qu'elle régit, c'est-à-dire dont elle détermine le mode.

Il n'est pas plus difficile de distinguer les deux mots précédents de l'*adverbe*.

La préposition et la conjonction expriment des rapports ; ce sont des mots relatifs, qui n'ont aucun sens par eux-mêmes, et qu'on ne peut employer qu'en les unissant aux deux termes dont ils expriment les rapports.

L'adverbe n'exprime pas des rapports, et il a par lui-même un sens déterminé. Tantôt il exprime la *manière d'être* d'un fait ou d'une qualité ; tantôt il est l'expression d'une idée de *quantité*, de *temps* ou de *lieu* ; il ne s'unit point aux substantifs et ne régit pas les verbes.

Il y a des mots qu'on emploie, tantôt comme adverbes, tantôt comme prépositions ; tels sont *dessus, dessous, avant, après*. Pour savoir à quelle classe ils appartiennent, il suffit de connaître le sens qu'ils renferment et les mots auxquels ils sont unis.

La conjonction *que* peut se confondre avec le pronom relatif *que*. Ce qui les distingue, c'est que la conjonction régit un verbe et se rapporte à un verbe, tandis que le relatif est régi par un verbe et se rapporte à un nom.

Dans cet exmple : il faut *que* je fasse ce *que* vous voulez, le premier *que* est conjonction, car il dépend du verbe *il faut* et régit le verbe *je fasse ;* le second *que* est pronom, car il se rapporte au pronom *ce*, et il est le régime du verbe *vous voulez*.

# CHAPITRE XL.

### De l'exclamation ou interjection.

L'exclamation est plutôt un cri qu'un mot.

Elle exprime un sentiment vif, une émotion subite de l'âme plutôt qu'une idée de l'esprit.

L'homme pousse des exclamations instinctivement, sans y réfléchir et souvent sans le vouloir.

Les principales exclamations sont à peu près les mêmes dans toutes les langues ; c'est le cri de la nature.

Chacune des émotions de l'âme s'exprime par des exclamations particulières.

Pour exprimer la joie, l'hilarité ou le contentement : *aie! ha ha! hé! bon!*

L'admiration, l'étonnement : *ô! eh! oh! ho ho! bah!
dame! diantre! ouida! peste! malpeste! bravo! vivat !*

La douleur : *ha ha! hélas! hi hi! heu! ouais!*

La douleur mêlée à l'étonnement, à la prière : *Ciel!
Dieu! juste Ciel! grand Dieu! hé quoi! malheur!
miséricorde!*

L'effroi, la peur : *oh! ah! gare! alerte!*

Le dégoût : *pouah!*

Le mépris, le dédain : *fi! fi donc ! bah! bast! zest!*

Pour imposer silence : *chut! motus! paix!*

Pour faire arrêter : *halte!*

Pour appeler, interroger : *hola! ô! ho! hé! hem!
hein! plaît-il?*

Pour imiter le bruit d'un coup, d'une chute : *paf!
pouf!*

Enfin pour exprimer un sentiment quelconque longtemps contenu : *ouf!*

Comme on le voit, toutes les exclamations sont suivies d'un signe qu'on appelle, de leur nom, *point
d'exclamation!*

Quelques-unes s'emploient pour exprimer des sentiments différents : c'est l'accent ou le ton qu'on met
en les prononçant qui détermine leur sens.

Les exclamations prennent aussi le nom *d'interjections*, parce qu'elles sont comme des cris *jetés* dans
le discours.

On ne pousse pas des exclamations toutes les fois
qu'on est vivement affecté ; souvent pour exprimer les
émotions de l'âme, on se contente de joindre aux
mots dont on se sert un accent particulier qui indique
naturellement le sentiment ou la passion qui nous
anime.

# PARTIE SYNTHÉTIQUE OU SYNTAXE.

## CHAPITRE PREMIER.

### Objet de la Syntaxe.

Le mot *syntaxe* veut dire *arrangement*.

La syntaxe est l'art d'arranger les mots; elle comprend les règles qu'il faut suivre pour les employer convenablement dans le discours parlé ou écrit.

Par *discours* la grammaire n'entend pas seulement les discours d'apparat qu'on prononce en chaire, à la tribune, au barreau : ici le mot *discours* signifie tout ce que les hommes peuvent dire sur quelque sujet que ce soit.

Pour comprendre les règles qui président à l'emploi des mots dans le discours, il est nécessaire de savoir d'abord comment le discours se compose, c'est-à-dire, quels éléments il embrasse, et quels rapports ces éléments ont entre eux.

De là deux parties dans la syntaxe : l'une qui explique la *composition* du discours, l'autre qui règle l'emploi de ses *éléments*.

# PREMIÈRE PARTIE.

## CHAPITRE II.

### De la composition du discours.

Le discours se compose de *périodes*, les périodes de *phrases*, les phrases de *propositions*, et les propositions de *mots*.

Les mots sont donc les plus simples éléments du discours.

Mais rarement les mots isolés présentent à l'esprit un sens déterminé et complet. Pour exprimer une pensée toute entière, c'est-à-dire pour parler, il faut le plus souvent un ensemble de mots, dont chacun désigne une partie de la pensée, et dont la réunion en représente le tout; il faut une *proposition*.

La proposition est donc un ensemble de mots présentant un sens achevé, exprimant les divers éléments d'une pensée complète. Comme quand on dit : *Dieu est juste*.

Mais une pensée peut être enchaînée à d'autres pensées qui ont des rapports avec elle, qui l'expliquent, la restreignent ou la développent.

Ces autres pensées sont exprimées par autant de propositions; et comme ces propositions ont des rapports entre elles, comme elles se tiennent, elles forment un corps qui prend le nom dè *phrase*.

La phrase est donc un ensemble de propositions qui expriment une pensée sous différents points de vue, ou qui l'expliquent, la restreignent ou la développent.

Comme les propositions, les phrases peuvent être liées entre elles ; elles forment alors une phrase plus longue et plus complète qui prend le nom de *période*.

Le *discours* se compose généralement de plusieurs périodes; c'est une suite de pensées exprimées sur un même objet ou sur des objets différents, mais dont on parle dans un temps donné, avec ou devant les mêmes personnes.

Il y a de longs discours qui se composent d'une longue suite de périodes.

Il y en a de courts qui ne comprennent qu'une seule période et même qu'une seule proposition.

Quand on a dit sur un objet ou dans une circonstance tout ce qu'on voulait dire, n'eût-on employé que deux mots, le discours est fini.

Ainsi le discours peut consister tout entier dans une seule proposition.

En effet, la proposition est l'image du discours, c'est un discours en petit ; elle en résume et en contient toutes les conditions.

Connaître la proposition dans ses éléments et ses règles, c'est donc connaître les règles et les éléments du discours.

# CHAPITRE III.

## De la proposition considérée dans ses éléments.

La proposition exprime une pensée déterminée. Cette pensée est :

Tantôt un jugement, comme : *Dieu est juste.*

Tantot un ordre, comme : *Honore tes parents.*

Tantôt une prière : *Grand Dieu ! secourez-moi.*

Tantôt un désir ou un regret : *Je voudrais qu'il fût sage. Que n'a-t-il été sage !*

Tantôt un sentiment d'admiration, d'amour : *Que la vertu est belle ! combien il l'aimait !*

De quelque espèce que soit une pensée, la proposition qui l'exprime doit renfermer au moins deux éléments, deux idées ; l'idée d'un être et l'idée de ce qu'on dit de cet être ou de ce qu'on lui dit.

Mais ces deux idées ne sont pas toujours exprimées.

Quelquefois une proposition consiste en un seul mot, comme quand on dit à quelqu'un : *parle, chante, marche, obéis*, sous-entendant le nom de la personne à laquelle on commande.

Il en est de même des différentes exclamations : *hélas! alerte! halte! chut!* etc., qui, d'un seul mot, expriment la pensée toute entière.

Cependant telle n'est pas la forme ordinaire de la proposition.

Elle renferme au moins deux mots ; un *substantif* qui exprime l'idée de la personne ou de la chose, et un *modificatif* qui exprime l'idée de ce qu'on en dit, de ce qu'on lui attribue. Ex. : *Dieu existe ; tu pars ; il tonne ; la vertu est aimable ; le vice est odieux.*

On donne le nom de *sujet* au substantif et celui d'*attribut* au modificatif de la proposition.

Mais l'attribut du sujet peut exprimer une action ou un fait qui porte, soit sur un autre être, soit sur un autre fait : cet être ou ce fait sur lequel porte l'action du sujet est désigné par un mot qui prend le nom d'*objet*. Ex. : Dieu punit *les méchants*. Je veux qu'*il sorte.*

La proposition renferme donc un *sujet*, un *attribut* et souvent un *objet ;* c'est-à-dire *trois* éléments.

Aucune proposition n'est possible sans les deux premiers, et la plupart renferment aussi le dernier.

# CHAPITRE IV.

## DES DIFFÉRENTS ÉLÉMENTS DE LA PROPOSITION.

### § 1.

### Du sujet de la proposition.

Le sujet de la proposition est le nom de la personne ou de la chose à laquelle appartient l'attribut, ou dont l'attribut dépend.

Ce nom peut être un des trois noms personnels; *je, tu, il*.

Ou celui d'un être réel, comme *Dieu*, le *Soleil*, *César*.

Ou un adjectif devenu substantif et remplaçant le nom, comme l'*éternel*, le *dictateur*.

Ou un nom abstrait, comme la *vertu*, la *science*.

Ou un infinitif de verbe, comme *travailler*, *boire*, *dormir*.

Ou enfin un nom composé, comme : le *qu'en dira-t-on*, son *gagne pain*, etc.

### § 2.

### Le sujet peut être simple ou composé.

Le sujet est simple quand il consiste seulement dans le nom ou dans un mot qui remplace le nom de la personne ou de la chose que l'on veut désigner, comme *je*, *tu*, *il*; *Dieu*, le *créateur*; *César*, le *dictateur*; la *prudence*, le *courage*, etc.

### § 3.

Le sujet composé est *complexe* ou *multiple*.

Il est complexe toutes les fois qu'il consiste en plu-

sieurs mots, soit substantifs, soit attributifs, qui désignent un être par plusieurs de ses points de vue ou
qualités.

Comme quand on dit en parlant de Dieu : *celui qui
règne dans les cieux, de qui relèvent tous les empires,
à qui seul appartient la gloire, la majesté, l'indépen-
dance*, etc., etc.

Ou bien en parlant de César : *parvenu au faîte de
la puissance, le vainqueur de Pompée fut assassiné
dans le sénat.*

Le sujet complexe est donc composé de plusieurs
mots qui remplacent le nom ou qui s'y joignent.

Souvent même il consiste en plusieurs phrases qu'on
appelle des *périphrases;* parce qu'en effet, au lieu de
désigner un être par son nom, ces phrases semblent
tourner autour de l'être pour en décrire les qualités ou
les caractères distinctifs.

## § 4.

Le sujet est *multiple* lorsqu'il comprend plusieurs
êtres désignés chacun par son nom spécial, ou par
un pronom, ou par les qualités qui le distinguent.

En d'autres termes, le sujet multiple peut être composé, soit de plusieurs sujets simples, soit de plusieurs
sujets complexes.

Dans cet exemple : *Alexandre, César, Charlemagne,
sont de grands conquérants,* le sujet multiple comprend
trois sujets simples.

Dans cet autre : *Le fils de Philippe, qui vainquit
Darius, César qui vainquit Pompée, et Charlemagne,
le restaurateur de l'empire d'Occident, sont de grands
conquérants,* le sujet multiple se compose de trois sujets complexes.

## § 5.

En résumé : le sujet est *simple* quand il ne renferme que le nom de l'être dont on parle, ou celui d'une seule de ses qualités ; il est complexe lorsqu'il exprime plusieurs qualités de l'être, avec ou sans le nom de cet être.

Il est multiple quand il renferme les noms simples ou complexes de plusieurs êtres qui forment autant de sujets distincts.

# CHAPITRE V.

### De l'attribut.

#### § 1.

L'attribut de la proposition exprime le fait ou la qualité qu'on attribue au sujet.

Les faits sont exprimés par des verbes, et les qualités du sujet ne peuvent lui être attribuées que par le moyen d'un verbe.

Le verbe fait donc nécessairement partie de tout attribut.

#### § 2.

Si l'attribut consiste dans un fait qui ne concerne que le sujet, le verbe suffit pour l'exprimer : alors l'attribut du sujet consiste en un seul mot.

Tel est le fait de l'existence, comme : je *suis*, Dieu *est*, il *existe*.

Tels sont encore tous les faits exprimés par les verbes subjectifs : je *dors*; je *repose*; tu *marches*; il *tombe*; nous *passons* ; vous *restez* ; ils *arrivent*.

Dans tous ces cas, la proposition ne se compose que de deux mots; un pour le sujet, un autre pour l'attribut.

Il y a même des propositions de ce genre qui ne renferment qu'un seul mot visible, le verbe.

Quand on dit : *courons*, *marchez*, la proposition semble consister tout entière dans l'attribut; mais le sujet, *nous*, *vous*, est sous-entendu et joue le même rôle que s'il était exprimé.

## § 3.

Si l'attribut renferme une *qualité* il se compose de deux mots; d'un *adjectif*, qui exprime la qualification du sujet, et d'un *verbe*, qui indique que cette qualification appartient au sujet, ou qu'il *est de fait* que le sujet est qualifié par cet adjectif.

Ex. : Dieu est *juste*. La vertu est *aimable*.

Souvent la qualification de l'attribut est exprimée par un substantif; mais alors ce substantif joue le même rôle qu'un adjectif, il signifie une qualité, une fonction, comme : il est *roi*, elle est *reine*; ou bien il désigne une classe d'êtres dont le sujet fait partie, comme : *le lion est un animal; le courage est une vertu.*

Le verbe chargé d'unir la qualification au sujet, ou d'exprimer que le sujet est qualifié de telle ou telle manière, est toujours le verbe substantif, ou un verbe qui exprime l'idée de paraître, de devenir, d'être fait. Ex. : Il *semblait pauvre*, il *devint riche*, il *fut fait colonel* et *passa général*.

Ainsi, quand l'attribut du sujet renferme une qualité, il faut au moins deux mots pour l'exprimer.

Dans ce cas, par conséquent, la proposition se compose de trois mots : d'un *substantif*, qui exprime le *sujet*, d'un *adjectif*, qui en exprime la *qualification*, et d'un *verbe*, qui la joint au *sujet*, qui montre qu'elle appartient au sujet.

## § 4.

L'attribut peut être, comme le sujet, *simple* ou *composé*, *complexe* ou *multiple*.

Il est simple quand le fait et la qualité qu'il exprime

sont rendus chacun par un seul mot, un verbe et un qualificatif.

Il est *complexe* lorsque le fait ou la *qualification* sont exprimées par plusieurs mots.

Dans ces phrases : *Dieu existe*, il *est juste*, l'attribut est simple ; car il n'y a qu'un mot pour exprimer le fait, *existe*, *est*, comme il n'y en a qu'un pour exprimer la qualification , *juste*.

L'attribut est complexe dans cet autre : César *était doué d'une fermeté à toute épreuve;* parce qu'il faut plusieurs mots pour exprimer la qualité attribuée au sujet, *César*.

L'attribut est *multiple* lorsqu'il se compose de plusieurs faits ou de plusieurs qualifications.

Dans cet exemple : *Dieu crée, dispose* et *conserve*, l'attribut est multiple, parce qu'il se compose de plusieurs faits distincts : *créer, disposer, conserver*. L'attribut est également multiple quand on dit : Dieu est *juste, bon, sage, puissant, parfait*, parce qu'il renferme plusieurs qualités; la *justice*, la *bonté*, la *sagesse*, la *puissance*, la *souveraine perfection*.

L'attribut *multiple* peut être en même temps *complexe*, car chacun des faits ou des qualifications qu'il renferme peut être exprimé par plusieurs mots. Si on dit : l'homme *est un roseau pensant, un Dieu tombé qui se souvient des cieux, un assemblage de misères et de grandeur*, on donne à l'homme plusieurs attributs dont chacun est complexe.

# CHAPITRE VI.

## De l'objet.

### § 1.

L'objet de la proposition est ce sur quoi porte le fait exprimé par l'attribut.

Quand le fait se borne au sujet et ne concerne que lui, la proposition n'a point d'objet; elle est toute entière dans le sujet et son attribut. Mais si le fait sort du sujet ou ne s'y termine pas, s'il appelle quelque chose après lui, ce quelque chose est l'objet de la proposition.

Toute proposition qui renferme un verbe objectif a nécessairement un objet; parce que les verbes objectifs appellent toujours quelque chose après eux. On ne peut pas dire : j'*aime*, tu *frappes*, il *promet*, sans ajouter le nom de ce qui est *aimé*, *frappé*, *promis*.

Ce quelque chose réclamé par le fait attribué au sujet n'est pas toujours un être désigné par un nom; c'est souvent un fait exprimé par un verbe.

Dans cet exemple : *J'aime la vertu*, le mot *vertu* désigne l'objet du verbe *j'aime;* c'est un substantif comme le sujet *je*.

Dans cet autre : *Je désire que vous partiez*, le mot *partiez* est l'objet du verbe, *je désire;* c'est aussi un verbe qui exprime également un fait.

Ainsi l'objet d'une proposition est tantôt un être, tantot un fait.

De plus, cet objet est direct ou indirect.

Il est direct quand le verbe de l'attribut porte sur lui sans intermédiaire, comme *j'aime Dieu. Il se blesse.*

Il est indirect quand il ne se rattache au verbe que

par le moyen d'une préposition , exprimée ou sous-entendue. Ex. *Il nuit à sa gloire. Il aspire à descendre.*

### § 2.

Mais qu'il soit un être ou un fait, qu'il soit direct ou indirect, l'objet subit les mêmes distinctions que le sujet et l'attribut : il est *simple* ou *composé*, *complexe* ou *multiple*.

*Simple* quand il s'exprime par un seul mot; c'est-à-dire par un seul *substantif* si l'objet est un être, par un seul *verbe* s'il est un fait.

*Complexe* quand on emploie plusieurs mots, des phrases ou périphrases pour en exprimer l'idée.

Dans ces exemples : J'aime *Dieu,* j'espère qu'il *pardonnera,* les deux objets *Dieu* et *pardonnera* sont simples.

Ils sont complexes dans ceux-ci : J'adore *le Dieu créateur et conservateur du monde.* J'espère *qu'il voudra bien être favorable à mes prières.*

L'objet est *multiple* lorsqu'il embrasse plusieurs êtres, ou plusieurs faits distincts, comme dans ces exemples : Il aimait la *vertu*, la *gloire*, la *puissance.* Il fallait qu'il *naquît, vécût* et *mourût pauvre.*

Et cet objet multiple peut être en même temps complexe, ce qui arrive si chacune des idées que comprend l'objet multiple est exprimée par plusieurs mots. Ex. : L'homme doit préférer *le bonheur de la vertu, la tranquillité de la conscience, l'estime des autres et de lui-même à tous les autres biens.*

### § 3.

#### Résumé.

Toute proposition se compose d'un *sujet* et d'un *attribut ;* la plupart renferment encore un *objet.*

Ces trois éléments peuvent être *simples* ou *composés, complexes* ou *multiples.*

Il ne saurait y avoir de difficultés sur les éléments simples et multiples.

Tout élément est *simple* quand il ne comprend qu'un seul être ou un seul fait, désigné par un seul de ses points de vue. Ex. : *Dieu est juste : il gouverne le monde.*

Tout élément est *multiple* lorsqu'il comprend plusieurs êtres ou plusieurs faits, désignés chacun par une expression particulière. Ex. : *Grands et petits, riches et pauvres ambitionnent et poursuivent des biens et des plaisirs périssables.*

Mais les éléments *complexes* exigent quelques développements.

# CHAPITRE VII.

## Des éléments complexes de la proposition.

### § 1.

Les trois éléments de la proposition, le *sujet*, l'*objet* et l'*attribut* sont *complexes*, lorsqu'ils sont unis à d'autres mots qui les modifient, ou qui en expriment les rapports.

Il faut donc considérer ces éléments dans leurs *modifications* et dans leurs *rapports*.

### § 2.

Le sujet et l'objet de la proposition ne pouvant être que des substantifs ou des mots équivalents, sont modifiés par des adjectifs ou par des verbes.

L'attribut de la proposition étant soit un verbe, soit un adjectif, ne peut être modifié que par des adverbes.

Souvent le sujet et l'objet sont modifiés par de simples adjectifs qui s'y joignent sans intermédiaire, comme dans ces exemples : L'homme *juste* sera récompensé ; des châtiments *terribles* attendent le méchant *endurci.*

Ces adjectifs peuvent être eux-mêmes modifiés par des adverbes. Ex. : Dieu *infiniment juste* punit le méchant *constamment rebelle* à sa loi.

Mais souvent aussi le sujet et l'objet d'une proposition sont modifiés par un ensemble de mots qui forment comme une proposition particulière, jointe au sujet ou à l'objet par le pronom relatif *qui* ou *que.* Ex. : Dieu, *qui est juste,* récompensera la vertu. L'homme *que Dieu protége* prospérera. Suivons le chemin *que nous montre l'honneur.*

L'attribut de la proposition, qu'il soit verbe ou adjectif, ne peut être modifié que par un adverbe de manière, de quantité, de temps ou de lieu ; comme dans ces exemples : Dieu est *souverainement* juste ; il gouverne *sagement* l'univers. Je suis *ici,* vous êtes *là.* Il part *demain,* il arrivera *bientôt.*

Tous ces modificatifs rendent *complexes* les éléments auxquels ils sont joints ; parce qu'ils ajoutent au sujet, à l'objet ou à l'attribut quelque qualité ou manière d'être particulière qui en *complique* le sens.

## § 3.

Les différents éléments de la proposition se trouvent souvent en rapport avec d'autres mots qui les rendent également complexes.

Les rapports des mots entre eux sont exprimés par des *prépositions* et des *conjonctions.*

Les rapports de *cause,* d'*origine,* de *moyen,* de *propriété,* de *composition* sont exprimés par les prépositions *de, par, avec, sans.* Ex. : Le livre *de* Pierre ; la puissance *de* Dieu ; le fils *de* Philippe ; le principe *de* tout; une statue *de* marbre; le chemin *par* où il passe; l'instrument *avec* lequel ou *sans* lequel il opère.

Les rapports de *destination*, de *fin* ou de *but* sont exprimés par les prépositions *à*, *pour*, *vers*. Ex. : Je donne un livre *à* Pierre; Dieu réserve le bonheur *à* l'homme vertueux; l'homme vicieux aboutit *au* malheur; travailler *pour* sa perte; tendre *vers* sa fin.

Les rapports de *position*, d'*ordre* sont exprimés par *en*, *dans*, *sur*, *sous*, *contre*, *hors*, *dehors*, etc. Ex. : J'espère *en* Dieu; je me repose *sur* lui; je me confie *dans* mon droit, etc.

Tous ces rapports peuvent appartenir à l'objet comme au sujet; ils les rendent l'un et l'autre également complexes.

Ils peuvent même appartenir au verbe de l'attribut; mais alors, bien qu'ils aient pour antécédent un verbe, les rapports exprimés par la préposition ne peuvent avoir pour conséquent qu'un substantif.

Ainsi, dans ces exemples : Il marche *sur* la glace, il plonge *dans* l'eau, il s'élève *en* l'air, il vogue *contre* le vent, il s'enfonce *sous* terre, le rapport exprimé par *en*, *dans*, *sur*, *sous*, *contre*, porte sur un nom, quoiqu'il soit précédé d'un verbe.

### § 4.

Quand les rapports de l'attribut sont exprimés par des conjonctions, ils ont pour second terme ou pour conséquent un autre verbe, car toute conjonction porte sur un verbe. Ex. : Il faut *que* l'homme travaille, *afin qu'il* accomplisse sa loi.

Souvent la conjonction n'a d'autre fonction que d'unir l'attribut de la proposition à son objet, comme dans ces exemples : Je veux *que* tu partes; il faut *que* vous restiez; ou de lier plusieurs verbes entre eux. Ex.: Aimons *et* honorons Dieu; craignons *et* fuyons le mal.

Mais souvent aussi les conjonctions unissent différentes propositions entre elles pour en faire une phrase. Telles sont les conjonctions *mais, car, cependant, lorsque.* Ex. : Je voudrais réussir ; *mais* mille obstacles m'arrêtent. L'hiver sera rude, *car* il commence de bonne heure ; *cependant* le froid n'est pas encore bien vif.

# CHAPITRE VIII.

### Division des propositions.

La proposition peut se considérer dans ses différents éléments, dans ses formes et dans ses rapports.

### § 1.

Les propositions se divisent comme les éléments qu'elles renferment : elles sont *simples* ou *composées*, et celles-ci sont *complexes* ou *multiples.*

La proposition est *simple* quand chacun de ses éléments consiste en un seul mot ou n'exprime qu'une seule idée.

La proposition est *complexe* si l'un de ses éléments comprend plusieurs idées ; s'il est modifié par des adjectifs ou par un ensemble de mots qui expriment ses manières d'être ou ses rapports.

Enfin, la proposition est *multiple* si l'un quelconque de ses éléments est multiple ; car alors on peut la décomposer en autant de propositions particulières qu'elle a de sujets, d'attributs ou d'objets distincts.

Quand je dis : *Alexandre et César sont de grands conquérants*, c'est comme si je disais : *Alexandre est un grand conquérant, et César est un grand conquérant.*

De même si j'emploie plusieurs attributs. Cette proposition : Dieu *crée, conserve* et *gouverne* les êtres, peut en faire trois : Dieu *crée les êtres*, Dieu *conserve les êtres*, etc.

De même encore si l'objet est multiple. De cette proposition : Dieu a créé le *ciel* et la *terre*, les *animaux* et les *hommes*, je puis en composer quatre, en disant : *Dieu a créé le ciel, il a créé la terre*, etc.

Toute proposition *multiple* peut être en même temps *complexe*, car chacun des éléments qu'elle renferme peut être uni à des mots qui le modifient ou qui en expriment les rapports. Ex.: l'homme, poussé par tant de passions diverses, ne sait point s'attacher fortement au but unique de la vie, l'accomplissement du devoir.

### § 2.

La proposition participe également à la forme du verbe qui constitue l'attribut.

Cette forme est *affirmative* ou *négative*, *interrogative* ou *dubitative*.

Il y a donc des propositions affimatives, comme : *Dieu existe, il est juste.*

Des propositions négatives, telles que : *Il ne faut pas faire le mal, l'homme n'est pas immortel.*

Enfin, des propositions interrogatives et dubitatives. Ex. : *Êtes-vous prêt? partons-nous? se peut-il! serait-il vrai!*

### § 3.

Les propositions participent encore au caractère de l'affirmation et de la négation qu'elles renferment. Ce caractère est *absolu* ou *relatif*.

L'affirmation ainsi que la négation sont absolues quand elles se font sans restriction ni modification aucune; elles sont relatives quand elles admettent quelque modification ou restriction.

Ces propositions : *Dieu est juste, il n'aime pas le mensonge*, sont absolues; tandis que les suivantes sont relatives : *La vertu est récompensée tôt ou tard ; le vice n'est pas toujours suffisamment puni sur la terre.*

### § 4.

Considérées les unes par rapport aux autres, les différentes propositions réunies dans une seule phrase sont, l'une *principale*, les autres *subordonnées* ou *incidentes*.

La proposition principale dans une phrase est celle dont toutes les autres dépendent et dont elles ne sont que la modification ou l'explication ; c'est pour cela qu'on les appelle subordonnées. Ex. : *Il pleuvra demain, car le baromètre descend. L'homme se plaint de souffrir, lui qui est le principal auteur de ses maux.*

Leur dépendance de la proposition principale est généralement marquée par des conjonctions.

Lorsqu'une phrase se compose de plusieurs propositions indépendantes l'une de l'autre, aucune n'est principale ni subordonnée ; ce sont autant de propositions *absolues*. Ex. : *Le vent souffle, la nuée monte, l'éclair brille, la foudre gronde ; tous les éléments sont déchaînés ; l'orage fond sur la terre.*

La proposition *incidente* est celle qui s'intercalle dans une autre proposition avec laquelle elle n'est pas liée, et dont on peut par conséquent la retrancher sans que le sens soit altéré.

Elle exprime une pensée à part, distincte de celle de la proposition principale. Ex. : *Dieu, dit la Bible, créa le monde en six jours. Nous connaissons le bien, et, malheureux que nous sommes, nous faisons le mal.* Les mots : *dit la Bible, malheureux que nous sommes,* sont des propositions incidentes.

# DEUXIÈME PARTIE DE LA SYNTAXE.

### De l'emploi des mots.

Pour employer convenablement les mots dans le discours, il faut d'abord connaître les *modifications* qu'ils doivent subir.

## CHAPITRE IX.

### Des modifications des mots.

Cette question en comprend deux :

Quels sont les mots susceptibles de modifications?

Quelles modifications peuvent subir les mots qui en sont susceptibles ?

### § 1.

Les *substantifs*, les *adjectifs*, les *verbes* et la plupart des *déterminatifs* sont susceptibles de modifications; ils sont variables.

Les mots qui n'en sont pas susceptibles, qui demeurent invariables dans tous les cas, appartiennent à la classe des déterminatifs; ce sont les *adverbes*, la plupart des *nombres cardinaux*, les *prépositions*, les *conjonctions*, les *exclamations*.

Les modifications que peuvent subir les mots variables sont au nombre de six : modifications de *genre*, de *nombre*, de *cas*, de *personnes*, de *modes* et de *temps*.

Les substantifs, les adjectifs et les déterminatifs variables ne sont susceptibles que des modifications de *genre* et de *nombre*; les noms personnels seuls peuvent en outre subir la modification des *cas*.

7

Les verbes ne varient ni selon les cas, ni selon les genres; mais ils subissent, comme les substantifs et les adjectifs, les modifications de *nombre*, et de plus celles de *personnes*, de *modes* et de *temps*.

### § 2.

Les modifications que subissent les mots leur sont imposées par la pensée qu'ils expriment ou par le mot dont ils dépendent.

Le substantif, étant le mot fondamental du discours, ne dépend d'aucun autre mot, et tous dépendent de lui ou lui sont subordonnés.

Aussi est-il le seul mot qui ne subisse de modifications que par la pensée qu'il exprime.

Il prend le genre et le nombre des êtres auxquels correspond la pensée dont il est le signe, sans que les mots qui l'accompagnent le modifient en aucune manière.

Tous les autres mots variables, dépendant du substantif, en subissent les modifications.

Le substantif impose donc aux adjectifs et aux déterminatifs son *genre* et son *nombre*. Ex. : *Les* hommes *courageux*, *la* femme *forte*.

Il impose aux verbes son *nombre* et le *rôle* ou la *personne* qu'il exprime. Ex. : *J'aime, tu aimes, il aime, nous aimons, vous aimez, ils aiment.*

De là la règle générale : tous les mots variables participent aux modifications du substantif; c'est-à-dire, s'accordent avec lui en genre, en nombre, en personne. Ex. : *Un Dieu tout-puissant a créé le monde.*

Le verbe seul a deux modifications qui ne dépendent pas du substantif; ce sont :

Les *modes*, qui dépendent de la manière dont le fait qu'exprime le verbe est envisagé par l'esprit,

Et les *temps*, qui varient comme les divisions de

la durée auxquelles le fait se rapporte. Ex. : *J'aime,* *j'aimerais, aimons,* vous *avez aimé,* ils *eussent aimé.*

### § 3.

L'emploi des mots dans le discours comprend deux choses :

1° La manière de faire usage de chaque mot en particulier.

2° L'ordre selon lequel il faut disposer les mots dans la composition de la proposition et de la phrase.

Comme le substantif est le mot principal du discours, c'est par l'emploi du substantif qu'il faut commencer. Viendront ensuite les différents mots variables qui dépendent du substantif, puis les mots invariables.

# CHAPITRE X.

**De l'emploi du substantif ou nom.**

### § 1.

Les substantifs ou noms se mettent au genre et au nombre exigés par les êtres qu'ils désignent ou par l'usage.

Les règles du genre et du nombre sont exposées dans la première partie de la grammaire, chap. IX et X. Indiquons seulement ici :

1° Les noms sur le genre desquels on se trompe le plus fréquemment ;

2° La principale difficulté relative à l'emploi du nombre.

*Sont masculins.*

| | | | |
|---|---|---|---|
| Abîme. | Antre. | Equinoxe. | Parafe. |
| Age. | Astérisque. | Erysipèle. | Pétale. |
| Albâtre. | Anis. | Epithalame. | Omnibus. |
| Alvéole. | Autel. | Exorde. | Obus. |

*Sont masculins.*

| | | | |
|---|---|---|---|
| Amadou. | Balustre. | Girofle. | Pleurs. |
| Amalgame. | Décombres. | Hémisphère. | Simples. |
| Amiante. | Empois. | Hémistiche. | Ulcère. |
| Amidon. | Epiderme. | Hôtel. | Ustensiles. |
| Anchois. | Episode. | Ivoire. | Vivres. |

*Sont féminins.*

| | | |
|---|---|---|
| Aire. | Epitaphe. | Outre. |
| Arrhes. | Equivoque. | Paroi. |
| Atmosphère. | Horloge. | Patère. |
| Ebène. | Immondice. | Pédale. |
| Ecritoire. | Nacre. | Sandaraque. |

### § 2.

Souvent on ne sait à quel nombre placer les noms qui sont précédés d'une des prépositions *à*, *de*, *en*, *par*, etc.

Pour simplifier la difficulté il faut suivre la règle suivante :

Le nom précédé d'une préposition, dont il est le conséquent, se place au nombre qui correspond à la pensée que l'on veut exprimer.

Il sera au singulier si on le prend dans un sens général et indéterminé; il sera au pluriel si on le prend dans un sens collectif, si on veut désigner les différents individus compris dans ce nom.

*On dira donc au singulier.*

Une statue de marbre.

Un lit de plume.

Une tenue de soldat.

De la fécule de pomme de terre.

Un homme à imagination.

Un secret de bonne femme.

*Et au pluriel.*

Un palais orné de marbres antiques.

Un paquet de plumes.

Un piquet de soldats.

Un champ de pommes de terre précoces.

Un homme à préjugés.

Un conte de fées.

De tous les noms le plus fréquemment employé dans le discours est le nom personnel, *je, tu, il.*

---

# CHAPITRE XI.

## Emploi du nom personnel selon les cas et les nombres.

### § 1.

Les deux premiers noms personnels *je, tu* sont les mêmes dans les deux genres, ils ne varient que selon les nombres et les cas. Le nom, ou plutôt le pronom *il,* varie encore selon les genres.

Quand le nom personnel est le sujet du verbe il se place au nominatif: *Je, tu, il* ou *elle,* pour le singulier: *nous, vous, ils* ou *elles,* pour le pluriel.

S'il est l'objet direct du verbe, le nom personnel se place à l'accusatif: *Me, te, le, la, se,* pour le singulier: *nous, vous, les, se,* pour le pluriel.

Lorsqu'il est l'objet indirect de la proposition le nom personnel se met à l'attributif : *Me* ou *à moi, te* ou *à toi, lui,* pour le singulier ; *nous, vous, eux, leurs,* pour le pluriel ; *y, en,* pour les deux nombres.

Telles sont les formes diverses que prend le nom personnel selon les cas où on le place.

### § 2.

*Je, tu, il* ou *elle,* ne s'emploient qu'au nominatif; *le,* n'est en usage qu'à la troisième personne de l'accusatif: *y, en, leur,* n'appartiennent qu'au cas attributif ; mais toutes les autres formes peuvent être employées à plusieurs cas différents.

D'abord la forme du pluriel *nous, vous,* est commune à tous les cas.

*Me, te, se,* appartiennent également à l'accusatif et à l'attributif. Dans cet ex.: ils *me* louent et ils *me* nuisent, le premier *me* est à l'accusatif: ils louent *moi ;* le second est à l'attributif : ils nuisent à *moi.*

*Moi, toi, lui, eux,* s'emploient au nominatif :

Quand ils sont la répétition du sujet, comme dans : Je l'ai fait, *moi.* C'est *toi* qui l'as fait, c'est *lui,* ce sont *eux ;*

Quand ils sont la réponse à une question comme dans : qui l'a dit? *lui.* C'est *toi* qui l'as répété.

Ces mots s'emploient à l'accusatif quand ils sont l'objet direct du verbe. Ex. : Ecoutez-*moi;* respecte-*toi;* il aime *lui*-même; ils s'aiment *eux*-mêmes.

Ils se placent à l'attributif quand ils sont l'objet indirect du verbe et qu'ils sont précédés d'une préposition : je donne ce livre à *toi,* tu te fies à *moi.*

Le pronom *lui* s'emploie le plus souvent à l'attributif sans préposition : Ex. : Ils *lui* parlent, pour : ils parlent à *lui.*

§ 3.

Les pronoms *y, en,* se composent des prépositions *à, de* et d'un des trois noms personnels. Ils s'emploient également pour remplacer les trois noms.

*Y* signifie à moi, à toi, à lui, à nous, à vous, à cela, à ces choses. Ex. : Crois-*moi,* tu *y* crois. Tu veux que je me fie à *toi,* je m'*y* fie. Vous n'*y* pensez pas.

*En* signifie de moi, de nous, de toi, de vous, de lui, d'eux, de cela. Cependant il s'emploie plutôt pour remplacer le nom des choses que celui des personnes.

§ 4.

*Lui, eux, elle, leur,* signifiant à lui, à elle, à eux,

ne s'emploient que pour remplacer des noms de personnes ou de choses personnifiées. Ex. : Cet enfant
est sage ; l'avenir *lui* sourit. Voilà nos amis ; allons *à
eux*.

Si l'on parle de choses il faut employer le pronom
*y*. Ex. : L'affaire est difficile, donnez-*y* tous vos soins.

Le pronom *soi* se prend presque toujours au singulier. On l'emploie généralement :

Après les pronoms indéfinis *chacun*, *on*, *personne*,
*quiconque*, etc. Ex. : Chacun pense à *soi*.

Après les expressions vagues, comme *celui qui*, *tout
homme*. Ex. : Tout homme songe à *soi*.

Après les *infinitifs* et les verbes unipersonnels. Ex. :
Il dépend de *soi*. Etre mécontent de *soi*. Ne voir que
*soi*, etc.

On fait rarement usage du pronom *soi* après un
nom déterminé au singulier ou au pluriel.

Cependant on doit employer *soi*, même après un
nom déterminé, aussi bien au pluriel qu'au singulier,
quand la clarté l'exige et pour éviter l'équivoque.
Ex. : Paul prétend aimer son pays ; il n'aime que *soi*.

## § 5.

Le pluriel *nous* s'emploie quelquefois à la place du
singulier *je* ou *moi*, pour indiquer l'importance de la
personne qui parle, comme un prince ou un magistrat qui représente le prince.

Quelquefois aussi un auteur se sert de *nous* à la place
de *je* ou *moi*, pour éviter ce qu'il y a de trop personnel
dans ces expressions et qui pourrait blesser le lecteur.

On dit également *vous* à la place de *tu* ou *toi*, pour
montrer des égards, du respect pour quelqu'un : par
cette forme la personne à laquelle on parle semble être
comptée pour plusieurs.

Mais toutes les fois qu'on emploie *nous, vous,* pour *je* ou *tu,* il faut mettre au singulier les déterminatifs et les adjectifs qui s'y rapportent. Ex.: *Nous* sommes *libre* et voulons rester *tel.* Vous êtes *venu* tout *souffrant* me voir hier.

Si un verbe a plusieurs sujets de différentes personnes, souvent on résume tous ces sujets dans un des noms personnels. Ex. : Vous, son frère et moi, *nous* partirons demain. Vous et lui, *vous* prendrez la poste.

Le nom personnel qui résume les noms précédents se met toujours au pluriel et à la personne qui à la priorité parmi celles qui ont été désignées précédemment.

### § 6.

### De la place du nom personnel par rapport au Verbe.

Quand le nom personnel est employé comme *sujet* il se place généralement avant le verbe. Ex.: *Nous* marchons; *vous* courez; *elles* volent.

Il se place après :

1° Quand le verbe est sous la forme interrogative : partons-*nous?* vient-*il?*

Si le verbe sous cette forme est à un temps composé, le pronom se met immédiatement après le verbe auxiliaire : *Ont-ils* passé? *êtes-vous* sortis?

2° Quand le verbe est au subjonctif sans être précédé d'une conjonction. Ex. : *Puissé-je* l'approcher; *puisse-t-il* m'entendre !

3° Quand le verbe appartient à une proposition incidente qui indique la personne qui a parlé. Ex. : J'ai vu, *dis-je,* ce malheureux prince. Vous m'avez, *dites-vous,* rencontré hier.

4° Quand le verbe est précédé de certains adverbes, tels que; *à peine, aussi, au moins, encore, en vain,* etc.

Ex. : A peine *est-il* arrivé. Encore *faut-il* le voir. En vain le *cherchons-nous*.

## § 7.

Lorsque le nom personnel est l'*objet* du verbe il se place avant, si le verbe n'est pas à l'impératif. Ex. : Je *me* frappe ; il *te* blesse ; nous *le* voyons.

Il se place après le verbe si celui-ci est à l'impératif sous la forme affirmative. Ex. : Ecoutez-*moi*, reprenez-*le* ; tandis qu'il se met avant si le verbe est sous la forme négative. Ex. : Ne *me* fatiguez pas ; ne *vous* pressez point.

Quand deux impératifs sont unis par la conjonction *et, ou,* le nom personnel, objet du dernier verbe, peut se placer avant ou après.

Polissez-*le* sans cesse et *le* repolissez, ou polissez-*le*.

Si l'impératif a deux noms personnels pour objets, l'un direct, l'autre indirect, l'objet direct se place généralement le premier. Ex. : Donnez-*le* moi, faites-*le* moi comprendre.

## § 8.

### Répétition du nom personnel.

Quand le pronom personnel est le sujet de plusieurs verbes qui se suivent, tantôt il se répète, comme dans : *J'ai dit, j'ai fait* mon possible ; tantôt il ne se répète pas. Ex. : *Il prit, quitta, reprit la cuirasse et la haire.*

Quand il est le sujet de deux verbes, dont le premier est sous la forme négative et le dernier sous la forme affirmative, le pronom se répète. Ex. : *Tu n'as* point d'aile et *tu veux* voler ; rampe.

Après les conjonctions *et, ou, ni, mais,* on peut ne pas répéter le pronom. Ex. : *Je l'ai vu* et ne *puis* le croire. *Vous l'avez* fait *ou voulu faire.*

Après toutes les autres conjonctions : *Parce que, car, cependant,* etc., le sujet se répète. Ex. : *Je* l'ai fait, *parce que* ou *car j'en* avais le droit.

Les pronoms personnels, employés comme objet direct ou indirect avant des verbes au temps simples, se répètent à chaque verbe. Ex. : Je *vous* vois et ne *vous* reconnais plus.

Quand les verbes sont à un temps composé, on peut n'employer le nom personnel qu'avec le premier verbe. Ex. : Il *nous* a vus et reconnus.

Mais si l'objet des deux verbes est direct pour l'un et indirect pour l'autre, il doit se répéter. Ex. : Vous *les* avez flattés et *leur* avez nui.

## CHAPITRE XII.

### Emploi des pronoms relatifs.

Les pronoms relatifs sont *qui*, *quoi*, *quel*, *quelle*, qui forment *lequel*, *laquelle* par l'adjonction de l'article *le*, *la*, comme ils composent *à qui*, *auquel*, *à laquelle*, *dont*, *duquel*, *de laquelle* en s'unissant aux prépositions *à*, *de*.

Les pronoms relatifs, ayant pour objet de rattacher à une personne ou à une chose ce qu'on en dit, doivent être placés de manière qu'il n'y ait dans la phrase ni obscurité, ni équivoque.

Pour cela, il faut rapprocher le plus possible le pronom relatif du nom qui est son antécédent, et employer *lequel* ou *laquelle* à la place de *qui*, lorsque ce mot présenterait une amphibologie.

On ne dira donc pas ; Il y a des populations dans les grandes villes *qui* souffrent ; ni : la puissance de ce peuple *qui* est très-célèbre.

Mais on doit dire : il y a, dans les grandes villes, des populations *qui* souffrent.

La puissance de ce peuple, *laquelle* est très-célèbre.

Quelquefois on est même forcé, pour la clarté, de répéter le substantif. Ainsi, au lieu de dire : Le chef de ce corps, *qui* a rendu tant de services, on dira : le chef de ce corps, *ce chef* qui a rendu tant de services.

Le relatif *qui* est des deux genres et des deux nombres, et il se rapporte également aux personnes et aux choses.

*Qui* s'emploie pour le sujet et *que* pour l'objet du verbe.

Dans les propositions interrogatives, *qui* ne se dit que des personnes, *quel* se dit également des personnes et des choses. Ex. : *Qui* sont ces hommes? *quelles* sont ces femmes? *quel* est-il? *quel* est cet ouvrage?

*Qui*, précédé d'une préposition, ne se rapporte qu'à des personnes ou à des choses personnifiées. On dit : l'homme *à qui* je dois tant, *de qui* je tiens tout; mais on ne dit pas : L'honneur *à qui* je tiens; le malheur *de qui* je souffre. Il faut employer *dont*.

*Lequel, laquelle*, précédés d'une préposition, s'emploient également avec les personnes et avec les choses. On dit donc : L'homme *auquel* je dois tout, comme on dit : la vie à *laquelle* il s'attache.

*Dont*, employé pour *de qui*, *duquel*, *de laquelle*, se rapporte aussi bien aux personnes qu'aux choses. Ex. : L'homme *dont* je vous parle : l'affaire *dont* vous m'entretenez.

*D'où* s'emploie souvent pour *dont*; mais alors ce mot a plutôt rapport aux lieux qu'aux personnes. On dit : Le lieu *d'où* je viens; mais on dira : la famille *dont* je sors.

*Où* s'emploie quelquefois pour *auquel*, *dans lequel*. Ex. : C'est un livre *où* vous ne connaissez rien.

*Quoi* ne se rapporte qu'à un antécédent indéfini. Ex. : A *quoi* pense-t-il? il a de *quoi* s'occuper.

*Que* est souvent employé pour *à quoi*, *en quoi*, *de quoi*. Ex. : *Que* sert-il de se plaindre? pour : *de quoi*; qu'a-t-il besoin de conseils? pour : *en quoi*.

# CHAPITRE XIII.

### Emploi du déterminatif.

Les déterminatifs des substantifs sont principalement *l'article*, le *possessif*, le *démonstratif*.

### Règle générale.

Les déterminatifs des substantifs s'accordent avec eux en genre et en nombre.

### § 1.

### De l'emploi de l'article.

L'article se retranche :

1º Devant les noms propres de personnes tels que : *Alexandre, César.*

2º Devant les noms communs employés pour appeler, pour invoquer. Ex. : *Cieux et terre, parlez!*

3º Devant les noms communs employés dans un sens vague et indéterminé. Ex. : *Gloire, bonheur, fortune, tout passe avec le temps.*

4º Devant les noms communs, précédés de la préposition *de*, et pris dans un sens général et indéterminé.

Ainsi on dira sans article.

Une statue *de* marbre.

Il sait nombre *de* fables.

J'achète une rame *de* papier.

Ils manquent *de* pain.

Mais si le nom commun est pris dans un sens déterminé il exige l'emploi de l'article.

On sait que l'article se contracte avec la préposition *de* et forme *du* pour *de le*, *des* pour *de les*.

Une statue *du* marbre de Paros.

Il sait un grand nombre *des* fables de Lafontaine.

Je veux une rame *du* papier que voilà.

Ces enfants ont *du* pain.

L'article s'emploie toujours après ces expressions, *bien*, *la plupart*, *le plus grand nombre*. Ex. : Bien *du* plaisir. La plupart *des* hommes, etc.

Généralement l'article se retranche quand le nom est précédé de l'adjectif, et il s'emploie quand l'adjectif suit le nom. On dit donc : *de* bonnes gens, *de* savants hommes, et : *des* gens aimables, *des* hommes savants.

Généralement encore on emploie l'article après un verbe affirmatif et on le supprime après un verbe négatif. Ex. : Je veux *du* pain. Il ne veut pas *de* pain.

### § 2.

### Le, la, les, devant plus, mieux, moins.

Placé devant les adverbes *plus*, *mieux*, *moins*, quelquefois l'article ne se rapporte qu'à ces adverbes et reste invariable comme eux.

D'autres fois il se rapporte à un nom précédemment exprimé avec lequel, par conséquent, il s'accorde en genre et en nombre.

En général, l'article se rapporte à *plus*, *mieux*, *moins*, et reste invariable :

1º Lorsque ces adverbes sont suivis de tout autre mot qu'un adjectif. Ex. : Ceux qui ont *le plus* besoin d'indulgence en montrent *le moins* pour les autres.

2º Lorsqu'ils sont à la fin d'une proposition. Ex. : Voilà ce qui me tourmente *le plus*, ou *le moins*.

3º Lorsqu'ils sont suivis d'un autre adverbe. Ex. : C'est nous qu'il aimait *le plus* tendrement.

Au contraire, l'article se rapporte au nom précédent, dont il prend le genre et le nombre, lorsque les adverbes *plus*, *mieux*, *moins* sont suivis d'un adjectif.

Ex. : Les enfants *les plus* sages et *les* plus attachés à

leurs devoirs ; les hommes *les* mieux disposés ; *les* plaisirs *les* plus agréables.

Dans le premier cas, l'article *le*, réuni à *plus, mieux, moins,* forme avcc ces mots une locution adverbiale, qui doit être invariable.

Dans le second cas, l'article remplaçant le nom qui le précède, doit en partager le genre et le nombre.

## § 3.

### Répétition de l'article.

Quand le sujet ou l'objet de la proposition se composent de plusieurs noms, l'article se répète devant tous ces noms s'il a été employé avant le premier. Ex.:

*Le* cœur, *l'*esprit, *les* mœurs, tout gagne à la culture.

Il se répète encore devant tous les adjectifs qui, bien que qualifiant un seul et même nom, lui donnent cependant chacun un sens différent. On dira donc :

*L'*ancien et *le* nouveau continent.

*La* langue latine et *la* française.

Des deux tragédies de Phèdre, j'aime mieux *la* française que *la* grecque.

Dans ces exemples l'article joue le rôle de pronom.

Mais si l'article est précédé d'un certain nombre d'adjectifs employés seulement comme qualificatifs d'un seul et même objet, il ne se répète pas. Ex. : *Les* grands et beaux esprits du siècle de Louis XIV. *Les* vastes et magnifiques appartements du palais.

Excepté lorsqu'on veut montrer la gradation dans les qualités. Alors on dira : *Le* correct, *l'*élégant, *le* tendre, *le* noble Racine.

Enfin l'article se répète devant les adjectifs précédés de *plus, mieux, moins.* Ex. : Les hommes *les* plus illustres, les plus riches, *les* plus puissants.

## § 4.

### L'article devenu pronom.

L'article *le, la, les,* devient pronom quand il est employé seul. Alors il remplace soit un nom précédemment exprimé, soit tout un ensemble de mots.

S'il remplace un nom qui ait été précédé d'un article ou d'un autre déterminatif, l'article se met au genre et au nombre de ce nom. Ex. : Etes-vous *la* reine ? je *la* suis. Etes-vous *sa* mère ? je *la* suis. Cherchez-vous *ses* frères ? je *les* cherche.

Mais si l'article remplace, soit un ensemble de mots, soit un nom qui n'était pas accompagné d'un article ou d'un déterminatif, on emploie toujours *le,* qui alors signifie *cela, ces choses, ce qui a été dit précédemment.* Ex. : Etes-vous veuve ? je *le* suis. Sont-elles mariées ? elles *le* sont. Vous avez droit à l'indulgence, je *le* sais.

# CHAPITRE XIV.

### Emploi du déterminatif possessif.

Le possessif *son, sa, ses,* peut se remplacer par l'article toutes les fois que le rapport de possession est suffisamment indiqué par le sens de la phrase : Ex. : J'ai *les* jambes fatiguées, vous avez *les* yeux battus ; pour *mes* jambes, *vos* yeux.

Mais quand on veut désigner une chose habituelle, comme une maladie qui revient périodiquement ou un organe qui souffre souvent, il faut se servir du possessif.

On dira donc : j'ai *ma* migraine, si on est sujet à cette maladie, et *la* migraine dans le cas contraire. Je souffre à *mon* bras, à *ma* jambe, si ces organes sont fréquemment souffrants, tandis qu'on dira : *au* bras, à *la* jambe si on n'y souffre qu'accidentellement.

En général, il faut employer le *possessif* quand on veut déterminer nettement le rapport de possession, et l'*article* quand il est inutile de montrer ce rapport.

On dira donc avec le possessif : il me doit *sa* fortune.

Et avec l'article : je vous dois *la* vie.

Il y a même des cas dans lesquels l'article et le possessif expriment des idées différentes. *Donner la main* à quelqu'un n'est qu'une marque de politesse. *Donner sa main* c'est consentir à épouser. Je vous donne *la* parole, et, je vous rends *la* parole, ont un sens bien différent de : je vous donne *ma* parole, je lui rends *sa* parole.

*Son, sa, ses, leur, leurs,* se rapportent plutôt aux personnes qu'aux choses.

Si le rapport de possession est entre des choses, on fait mieux de l'exprimer par *en* avec l'article *le, la, les.* On dira donc de soi : Je connais *mes* défauts; et d'un objet : J'*en* connais *les* défauts.

Souvent même la clarté exige l'emploi de l'article au lieu du possessif. Ex. : Il a sondé son cœur; il en connaît *les* faiblesses, et non *ses* faiblesses.

---

# CHAPITRE XIV.

### Emploi des pronoms possessifs.

Les pronoms le *mien,* le *tien,* le *sien* sont pris substantivement dans deux circonstances; on dit le *mien* et le *tien,* pour : *ce qui appartient* à moi, à toi; les *miens,* les *tiens,* les *siens,* pour : *mes parents, mes proches,* etc.

Dans tous les autres cas ces mots restent pronoms et

s'accordent avec le nom précédent dont ils tiennent la place.

On dira : *ma* lettre et la *vôtre* se sont croisées, et non : la *mienne* et la *vôtre,* parce qu'il n'y aurait pas de nom précédent.

On dira par la même raison : j'attends *votre* jugement pour y conformer le *mien,* et non : pour y conformer le *mien* j'attends *votre* jugement.

Si, pour désigner un homme, on emploie le nom d'une chose qui caractérise son talent, son état, le pronom qui suit doit être un pronom personnel et non un pronom possessif.

Ex. : Il n'y a pas dans le conseil une plus *forte tête* que *lui* (et non que la *sienne*).

C'est le premier violon de la chapelle du roi, on n'en connaît point de plus habile que *lui* (et non que le *sien*).

---

# CHAPITRE XV.

### Emploi des pronoms démonstratifs

#### Ce, celui, celle, ceux, celles, etc.

#### § 1.

Pour donner plus de rapidité au discours, on emploie *ce* pour *cela* :

Quand *ce* est le sujet du verbe être suivi d'un adjectif. Ex. : *c'est* bien, *c'est* bon, *c'est* beau.

Quand *ce* est placé entre deux infinitifs. Ex. : aimer Dieu, *c'est* le premier devoir.

*Ce,* employé avec le relatif *qui* ou *que,* comme sujet du premier membre d'une phrase, se répète presque toujours comme sujet du second. Ex. : *ce* qui est mal *c'est* de désobéir à la loi.

*Ce* remplace quelquefois les pronoms *il, ils, elle, elles*; alors le verbe qui suit se place au même nombre où il serait s'il était précédé par un des pronoms.

Ex. : l'impartialité est une qualité rare; *c'est* (pour *elle est*) la première vertu du magistrat. La discipline, le courage, le sang-froid, sont précieux dans une armée; *ce sont* (pour *elles sont*) les qualités du soldat.

Enfin on emploie *ce*, toutes les fois qu'on veut déterminer la pensée avec plus de précision.

En parlant de quelqu'un qu'on désire connaître, on dira : quel homme est-*ce?* au lieu de : quel homme est-*il?* Quand une heure sonne, on demandera : quelle heure est-*ce?* au lieu de : quelle heure est-*il?* Est-*ce* un lâche, celui qui meurt pour la foi? au lieu de : est-*il* un lâche, etc.

§ 2.

Les pronoms *celui, celle, ceux, celles,* s'accordent en genre avec le nom qu'ils remplacent, et leur nombre dépend de la pensée à laquelle ils répondent.

Ex. : dans ce siècle la puissance de l'or est plus grande que *celle* de la vertu.

Le bien de l'Etat doit passer avant *celui* des particuliers.

A côté du nom d'Alexandre il faut placer *ceux* de César et de Charlemagne.

Quand ces pronoms doivent être suivis immédiatement d'un adjectif, il faut leur joindre le relatif *qui* avec le verbe *être*. On ne dira donc pas : *celui* savant, *celle* connue, *ceux* passés, mais : celui *qui est* savant, celle *qui est* connue, ceux *qui sont* passés.

## § 3.

### Celui-ci, celle-ci, celui-là, celle-là ceci, cela, ça.

Les pronoms *celui-ci*, *celle-ci*, désignent la personne ou la chose dont on vient de parler ou qui est proche de nous ; *celui-là*, *celle-là* désignent l'objet éloigné ou dont on a parlé d'abord. Ex. : *Annibal* et *Scipion* furent deux grands capitaines ; *celui-là* fit trembler Rome, *celui-ci* la sauva.

Si ces pronoms ne sont en rapport qu'avec un seul nom, *celui-ci* s'emploie quand le nom doit suivre et *celui-là* quand le nom précède. Ex. : Le mobile de la plupart des hommes est *celui-ci: l'égoïsme.* Vous parlez de gens désintéressés ; *ceux-là* sont rares.

*Celui-là, celle-là* s'emploient pour *celui, celle,* quand on veut rendre la phrase plus expressive. Ex. : *Celle-là* est assez belle qui sait se parer de la vertu : pour *celle qui sait,* etc.

*Ceci, cela* sont employés, le premier pour indiquer ce qu'on va dire, le second pour rappeler une idée précédemment exprimée. Ex. : Il y a *ceci* de remarquable dans la vertu, c'est qu'elle fait le bonheur de l'homme en cette vie et dans l'autre.

Gloire, fortune, puissance, qu'est-ce que *cela* devant l'éternité ?

*Cela* ne peut être remplacé par *ce* que devant le verbe *être* et jamais à la fin d'une phrase qui n'est pas interrogative. On dit : *Cela* suffit, et non *ce suffit : c'est cela,* et non : *c'est ce.*

*Cela* se dit quelquefois familièrement des personnes. J'ai vu *cela* tout jeune (en parlant d'un enfant) ; ou en termes de mépris : *Cela* ose raisonner ! *cela* se vante !

*Ça,* contraction de *cela,* ne doit s'employer que dans

le style le plus familier : donnez-moi *ça.* Il n'y a pas de mal à *ça.*

§ 4.

**L'un, l'autre, l'un et l'autre.**

Les pronoms l'*un,* l'*autre,* les *uns,* les *autres,* employés séparément dans une phrase, ont pour objet de rappeler les noms précédents ; l'*un, les uns* rappellent les noms exprimés les premiers ; l'*autre, les autres,* les noms exprimés les derniers.

Ex. : les vieillards sont timides, les jeunes gens présomptueux ; *les uns* hésitent toujours, *les autres* ne doutent de rien.

*L'un et l'autre,* réunis, forment un sujet pluriel qui veut au pluriel le verbe suivant. Ex. : *l'un et l'autre peuvent se dire.*

Mais le substantif qui suit *l'un et l'autre* doit être au singulier : l'un et l'autre *parti* peuvent se prendre.

Quand l'expression *l'un et l'autre* est l'objet *direct* d'un verbe, ce verbe doit être précédé de *les,* comme : je *les* ai vus *l'un et l'autre ;* et de *leur,* si *l'un et l'autre* est l'objet *indirect.* Ex. : je *leur* pardonne *à l'un et à l'autre.*

*L'un l'autre, les uns les autres,* s'emploient avec les verbes réciproques ; *l'un, les uns* sont le *sujet* du verbe, *l'autre, les autres* en sont *l'objet.* Ex. : dans ce monde il se faut *l'un l'autre* secourir. Défendons-nous *les uns les autres.*

§ 5.

**Autrui.**

Quand *autrui* est uni au nom suivant par un rapport de possession, il ne faut pas exprimer ce rapport par le possessif *son,* mais par *en,* qui signifie *de lui.*

Ex. : Epousons les intérêts *d'autrui,* mais *n'en* partageons pas les passions.

# CHAPITRE XVI.

**Emploi des déterminatifs indéfinis.**

## § 1.

### ON, L'ON.

*On,* ne se rapportant à aucun nom exprimé, est du genre masculin. *On* est heureux quand *on* est sage.

Se rapportant à un nom de femme exprimé, il en prend le genre. Ex. : *On* est toujours assez *belles,* mes filles, quand *on* est sage.

*L'on,* qui comprend l'article *le,* dont l'*e* est élidé, s'emploie généralement à la place de *on* pour adoucir la prononciation, après une voyelle ou après la conjonction *et.*

Ex. : il faut s'accommoder au temps où l'*on* vit.

Mais il faut employer *on* toutes les fois que ce mot est suivi de *le, la, les, leur.*

Ex. : on est près du bonheur et *on le* laisse échapper, au lieu de l'*on le laisse.*

## § 2.

### Chaque, chacun.

Le déterminatif *chaque* n'est jamais employé que comme adjectif ; il doit par conséquent toujours être joint à un nom. Ex. : *chaque* homme a ses défauts, *chaque* chose a son prix.

Si *chaque* devient pronom, il se transforme en *chacun.* On ne dira donc pas : ces livres coûtent dix francs *cháque,* mais *chacun.*

*Chacun* n'a pas de pluriel.

Quand il ne se rapporte à aucun nom précédent il est toujours du masculin. Ex. : *chacun* pense ou dit ce qu'il veut.

Il est féminin s'il se rapporte à un nom féminin précédemment exprimé. Ex. : Ces deux femmes ont *chacune* leur mérite.

Chacun est souvent suivi d'un déterminatif possessif.

Ce déterminatif est tantôt *son*, *sa*, *ses*, tantôt *leur*, *leurs*.

On emploie *son*, *sa*, *ses*, si on rapporte le nom suivant à *chacun*. Ex. : Ces hommes sont très-distingués *chacun* dans *son* genre; mais chacun a *ses* défauts.

On emploie *leur* ou *leurs* si le nom qui suit se rapporte à un nom pluriel qui précède chacun. Ex. : Ces généraux ont *chacun leur* part de gloire; ils ont chacun *leurs* partisans.

### § 3.
#### Aucun, nul.

*Aucun*, *nul* s'emploient comme adjectifs, et ces mots ne prennent le pluriel que si le nom qu'ils déterminent n'a pas de singulier, ou s'il est employé dans un sens détourné. Ex. : *Aucuns devoirs* ne lui seront rendus. *Nulles* troupes ne sont plus courageuses.

*Aucun* et *nul* sont souvent pris comme pronoms. Ex. : *Aucuns* disent. Il n'en aime *aucun*. *Nul* ne le veut. Mais alors *nul* est toujours employé comme sujet du verbe, jamais comme objet. On dit : *Nul* ne le croit; mais on ne dira pas : Il n'aime *nul*, pour il n'aime personne.

### § 4.
#### Même.

Si *même* détermine un nom ou un pronom il joue le rôle d'adjectif et s'accorde avec le nom.

Ex. : *Mêmes* vices, *mêmes* vertus.

Nous avons lu les *mêmes* livres; nos plaisirs *mêmes* étaient communs.

Ces hommes se nuisent à *eux-mêmes*.

*Ceux mêmes* qui parlent.

*Même*, employé comme pronom, s'accorde avec le nom dont il tient la place. Ex. : Je les retrouve les *mêmes*. Les saisons sont les *mêmes*.

*Même* est adverbe et par conséquent invariable s'il détermine un verbe, un adjectif, ou un adverbe.

Ex. : Je le désire, je le veux *même*.

Il est riche, puissant *même*.

Les plus sages *même*, *même* les plus habiles se trompent.

*Même* est également invariable quand il est précédé de plusieurs substantifs. Ex. : Leur douleur, leurs larmes, leurs caresses *même* ne m'ébranlent pas.

Quand il est invariable *même* a le sens de *aussi*, *de plus*. Il a toujours cette signification lorsqu'il est précédé de la conjonction *et*. Ex. : Ils immolent les femmes *et même* les enfants.

## § 5.

### Quelque.

*Quelque*, suivi d'un nom ou pronom, d'un adjectif ou d'un adverbe, s'écrit d'un seul mot.

Devant un nom ou un pronom, *quelque* signifie un *certain nombre;* alors il est adjectif et s'accorde avec le nom.

Ex.: *Quelques* écrivains disent. *Quelques-uns* croient, *quelques autres* doutent.

Devant un adjectif ou un adverbe, *quelque* à la signification de *si;* par conséquent il est invariable.

Ex. : *Quelque* puissants qu'ils soient, *quelque* assurés qu'ils paraissent; *quelque* habilement qu'il parle, *quelque* adroitement qu'il s'exprime, etc.

Il en est de même lorsque *quelque* signifie *environ*. Ex. : On a tué *quelque* deux ou trois mille ennemis, pour : *environ deux ou trois mille*.

L'*e* qui termine *quelque* ne s'élide jamais. Ex.: *Quelque* étourdi qu'il paraisse, *quelque* agréable qu'il soit : excepté quand il est suivi de *un* avec lequel il se combine en un seul mot ; *quelqu'un, quelqu'une.* Mais on écrit au pluriel : *quelques-uns.*

## § 6.

### Quel que.

*Quel que*, suivi d'un verbe, s'écrit en deux mots, parce qu'il signifie *tel que.*

*Quel* est un adjectif qui s'accorde avec le sujet du verbe et *que* une conjonction, mot invariable.

Ex.: *Quels que* soient nos défauts, sachons nous supporter. *Quelle qu'elle* soit, je la repousse.

*Quel que*, suivi de plusieurs sujets du verbe, se place au pluriel. Ex. : *quels que* soient ton courage, ta force et ton adresse, etc.

Si les sujets du verbe sont unis par la conjonction *ou*, *quel* s'accorde avec le premier.

Ex. : *Quel* que soit *ton amour ou ta haine*, etc.

On ne fait plus usage aujourd'hui de *tel que* à la place de *quel que*, malgré l'exemple de plusieurs bons auteurs des deux derniers siècles.

*Quelqu'un* veut après lui la préposition *de* s'il est suivi d'un *nom personnel*, d'un *adjectif*, d'une *préposition*, d'un *adverbe*.

Ex. : Est-il quelqu'un *de* vous, *d'*entre vous, quelqu'un *de* tellement hardi, *d'*assez puissant, qui ose, etc.

## § 7.

### Quiconque.

*Quiconque* ne se rapportant à aucun nom exprimé est masculin. Ex. : *quiconque* est envieux se fait haïr.

S'il se rapporte à un nom de femme, il est féminin.

Ex. : *mes filles*, quiconque de vous sera assez *hardie* pour, etc.

Il en est de même de *qui*, employé pour *quiconque*. Ex.: *qui* de vous, mes filles, sera assez *hardie* pour...

*Quiconque* étant pour *celui qui*, *celle qui*, ne doit pas être suivi du pronom *il* ou *elle*.

On ne dira donc pas : *quiconque* ou *celui qui* désobéira, *il* sera puni, mais : *sera* puni.

### § 8.

### Tel, qui.

*Tel* ne doit pas être immédiatement suivi de *qui* : il faut placer *tel* au commencement du premier membre de la phrase et *qui* au commencement du second.

On ne dira pas : *tel qui* brille au second rang s'éclipse au premier; mais : *tel* brille au second rang *qui* s'éclipse au premier.

### § 9.

### Tout.

*Tout* est tantôt variable, tantôt invariable.

Il est variable quand il détermine un nom ou un pronom, parce qu'alors il remplit le rôle d'un adjectif s'accordant en genre et en nombre avec le nom. Ex. : *Tout* espoir est perdu, *toute* confiance détruite; *tous* mes amis m'abandonnent.

*Tout* s'accorde également avec le nom dont il tient la place. Ex.: ces soldats sont *tous* braves, je les connais *tous*.

Tout est invariable,

1° Quand il est pris substantivement. On dit : le *tout*; *tout* est perdu.

2° Quand il détermine un adjectif ou un adverbe, parce qu'alors il joue le rôle d'un adverbe. Ex. : cette femme, *tout* héroïque qu'elle soit, n'a pu résister.

Ces fleurs sont *tout* aussi fraîches que ce matin.

Cependant si l'adjectif, déterminé par *tout*, commence par une consonne ou un *h* aspiré, *tout* s'accorde avec cet adjectif. Ex. : cette femme est *toute* honteuse. Ces fleurs sont *toutes* fanées.

3° *Tout* est encore invariable quand il signifie entièrement. Ex. : ils sont *tout* en pleurs ; elle est *tout* à son devoir.

De même quand il est suivi d'un substantif pris adjectivement : Vous êtes *tout yeux*, *tout oreilles*. Une étoffe *tout laine*, *tout soie*.

Devant *autre*, *tout* est invariable s'il détermine *autre* et variable s'il détermine un *substantif* exprimé après *autre* ou sous-entendu.

On dira donc : cette femme est *tout* autre, c'est-à-dire *entièrement* autre, et : *toute* autre vie me déplaît, c'est-à-dire : *toute vie autre*.

*Toute* autre vous traiterait plus sévèrement, pour *toute femme autre*.

Mais si *tout*, joint à *autre*, est accompagné de *un*, *une*, il est toujours invariable. Ex. : C'est *une tout autre* affaire, ou : c'est *tout une autre* affaire, pour : c'est une affaire *entièrement* autre.

*Tout*, placé devant un nom propre de ville, est toujours au masculin singulier, parce qu'il tient la place du mot *peuple*, sous-entendu.

On dit : *tout* Rome, *tout* Paris, *tout* Marseille est consterné, pour : *tout le peuple* de Rome, etc.

Lorsque *tout* s'unit à un nom qui peut se prendre dans un sens particulier et dans un sens collectif, comme : *toute chose*, *toute part*, *tout pays*, *tout côté*, les deux mots se mettent au singulier si on pense à chacune des choses que le nom désigne, et au pluriel, si on pense à *toutes* les choses désignées par ce nom.

On dira donc :

| Dans le premier cas | Dans le second |
|---|---|
| *De toute part.* | *De toutes parts.* |
| *Par tout pays.* | *Par tous pays.* |
| *En toute chose.* | *En toutes choses.* |
| C'est-à-dire : de *chaque part,* en *chaque chose.* | C'est-à-dire : de *toutes les parts,* par *tous les pays.* |

---

# CHAPITRE XVII.

## Emploi de l'adjectif.

### § 1.

L'adjectif doit être uni au nom qu'il qualifie, de manière à éviter toute obscurité et toute équivoque.

On ne dira donc pas : *heureux ou malheureux,* toujours vous m'êtes resté fidèle ; parce qu'alors on ne sait si les adjectifs *heureux, malheureux* se rapportent à *vous* ou à *moi.*

Tout adjectif s'accorde en genre et en nombre avec le nom qu'il qualifie. Ex. : le cheval *fougueux,* la brebis *douce,* les hommes *puissants,* les femmes *vertueuses.*

S'il qualifie plusieurs noms singuliers, l'adjectif se met au pluriel. Ex. : *forts* de votre appui, *conduits* par vos conseils, *mon fils* et *le vôtre* réussiront.

Si l'adjectif qualifie plusieurs noms singuliers de genre différents, il se met au pluriel masculin. Ex. : je veux rendre *heureux* mon fils et ma fille.

Dans ce cas il est bon de placer l'adjectif à côté du nom masculin : j'ai vu chez vous des *femmes* et des *hommes* très *spirituels.*

Cependant l'adjectif placé après plusieurs noms peut ne s'accorder qu'avec le dernier dans les cas suivants :

Si les noms ont à peu près la même signification.

Ex. : ce teint, cette couleur *vermeille*. C'est mon sentiment ou ma conviction *arrêtée*.

S'ils sont placés par gradation, ou si l'on veut fixer l'attention sur le dernier. Ex. : cet homme avait une patience, une douceur, un dévouement *sublime*.

Mais si les deux noms qui précèdent l'adjectif désignent des personnes ou des choses différentes et que l'adjectif se rapporte également à chacun de ces noms, il faut le mettre au pluriel. Ex. : Ces peuplades se nourrissent de *viande* ou de *poissons crus*.

Il veut un ouvrier ou une ouvrière *intelligents*.

L'adjectif, précédé de deux noms unis par les expressions *comme, ainsi que, de même que*, etc., s'accorde avec le premier. Ex. : ma maison, *ainsi que* la vôtre, est solidement *bâtie*.

La marine, *comme* les troupes de terre, a été *admirable*.

Quand deux noms sont unis par une préposition l'adjectif s'accorde avec celui auquel le sens le fait rapporter. On dira donc :
Des *bas* de coton-*bleus*,
Des bas de *soie écrue*.
Voilà plus de la *moitié* de ses biens *perdue*.
Il a retrouvé une partie de l'*argent perdu*.
Une *troupe* de soldats *réunie* à grands frais.
Une troupe d'*ouvriers laborieux*.

Si le nom qui suit la préposition est lui-même qualifié par un adjectif, c'est avec le premier nom que le dernier adjectif doit s'accorder. Ex. :
Une *robe* de velours noir *usée*.
Un *plat* de porcelaine chinoise *brisé*.

## § 2.

### Adjectifs.

*Nu, demi, franc* ( de port ), *feu.*

Les adjectifs *nu*, *demi*, *franc* (de port) s'accordent avec les substantifs auxquels ils sont joints quand ils les suivent, et restent invariables quand ils les précèdent.

Ils sont invariables dans les exemples suivants :

Vous allez *nu*-tête et *nu*-jambes.

Je n'aime pas les *demi-mesures.*

Vous êtes trompé par des *demi*-fripons.

Ils recevront *franc-de-port* toutes mes lettres.

Mais ils sont variables dans ceux-ci :

Vous avez la tête *nue*, les jambes *nues.*

Il est deux heures et *demie.*

Cette montre sonne les *demies.*

Toutes vos lettres sont *franches* de port.

Si l'adjectif *nu* est accompagné d'un déterminatif il s'accorde avec le substantif lors même qu'il le précéderait.

On dit : la *nue* propriété d'un bien.

L'adjectif *feu* s'accorde avec le nom s'il le précède immédiatement. On dit : la *feue reine.* Il reste invariable s'il est séparé du nom par un déterminatif. Ex. : *feu la reine.*

## § 3.

### Ci-inclus, ci-joint.

Ces mots sont invariables au commencement d'une phrase, et quand le substantif auquel il sont joints n'est point accompagné d'un déterminatif. Ex. : *ci-inclus* la lettre de mon ami. Vous trouverez *ci-inclus* copie de sa lettre.

Mais ils s'accordent avec le nom s'ils ne sont point

placés au commencement d'une phrase et *si le* nom est accompagné d'un déterminatif. Ex. : vous trouverez *ci-incluse* ma lettre à votre fille.

## § 4.

### Possible, proche.

*Possible* est un adjectif qui doit par conséquent s'accorder avec le nom auquel il est joint. Ex. : tous les malheurs *possibles* l'accablent. Il a fait les choses les moins *possibles*.

Quelquefois *possible* est pris substantivement, comme dans cet ex. : j'ai fait mon *possible*.

D'autre fois il remplace un membre de phrase sous-entendu. Ex. : il leur a fait le plus de maux *possible;* c'est-à-dire *qu'il était possible.*

Dans ces deux cas, *possible* reste au singulier.

*Proche* est tantôt substantif, comme dans : *mes proches,* pour *mes parents.*

Tantôt adjectif. Ex. : ces maisons sont *proches* du palais.

Tantôt préposition invariable : il l'a mis *proche* de moi.

On connaît que *proche* est une préposition, c'est-à-dire un mot invariable, quand il est précédé par un autre verbe que le verbe *être.*

## § 5.

### Adjectifs employés adverbialement.

Tout adjectif qui modifie un verbe est adverbe.

Ex. : Vous chantez *juste.* Nous courons *fort.* Ils nous coûtent *cher.*

Ces mêmes mots redeviennent adjectifs dès qu'ils modifient des noms. Ex.: Ces mesures sont *justes.* Nous sommes de *forts coureurs.* Ces enfants me sont *chers.*

## § 6.

### Noms pris adverbialement.

Quand un nom en modifie un autre par le moyen d'une expression sous-entendue, ce nom est invariable.

On dit donc : étoffe *carmin*, *aurore*, *jonquille*, *marron,* pour : étoffe de la couleur du *carmin*, de l'aurore, etc.

Les seuls noms devenus adjectifs et qui s'accordent avec des noms précédents sont *cramoisi*, *écarlate*, *mordoré*, *rose*. On dit : robe *cramoisie*, chapeaux *roses*, souliers *mordorés*.

## § 7.

### Adjectifs composés.

Si deux adjectifs se réunissent par un trait d'union pour n'en former qu'un seul, tantôt ils s'accordent avec le nom, tantôt ils restent invariables.

Ils restent invariables quand ils désignent des nuances de couleurs. Tels sont : *bleu-clair*, *bleu-foncé*, *chatain-clair*, *gris-brun*, *gros-vert*, etc. Ex. : une robe *bleu-foncé*, des chapeaux *gros-vert*, des cheveux *chatain-clair*.

Mais si chacun de ces deux adjectifs doit exprimer une couleur ou une qualité différente, le trait d'union disparaît et ils s'accordent tous deux avec le nom. Ex.: ses cheveux sont *chatains et clairs*, sa livrée est *rouge et verte*.

Les adjectifs réunis par un trait d'union, qui n'expriment pas une idée de *couleur*, tels que : *aigre-doux*, *clair-semé*, *court-vêtu*, *frais-cueilli*, *mort-ivre*, etc., s'accordent avec le nom auquel ils sont joints.

Cependant l'accord n'a pas toujours lieu pour les deux adjectifs.

Le dernier s'accorde toujours; mais le premier ne

s'accorde pas s'il joue le role d'un adverbe, c'est-à-dire, s'il ne sert qu'à modifier le dernier.

On dira donc, en faisant accorder les deux adjectifs :

Au pluriel masculin : *frais-cueillis*, *ivres-morts*, *morts-ivres*.

Et au pluriel féminin : *fraîches-cueillies*, *ivres-mortes*, *mortes-ivres*.

Tandis qu'on dira sans faire accorder le premier adjectif.

*Aigre*-doux ou douces.

*Clair*-semés ou semées.

*Court*-vêtus ou vêtues.

Les adjectifs composés : *mort-né*, *nouveau-né*, *premier-né*, n'ont par de féminin.

Quand le premier des deux adjectifs réunis est pris substantivement, le second s'accorde avec lui en genre et en nombre. On dit : les *nouveaux débarqués*, les *nouvelles mariées*, les *derniers venus*.

## § 8.

### Des adjectifs terminés en *able*.

La plupart des adjectifs qualifient également les personnes et les choses.

Cependant, parmi les adjectifs terminés en *able*, quelques-uns ne conviennent qu'aux personnes, et d'autres, en plus grand nombre, ne conviennent qu'aux choses.

Règle générale : Un adjectif ne se joint qu'aux noms qui peuvent être les objets ou régimes directs du verbe dont cet adjectif dérive.

Les adjectifs *contestable*, *habitable*, *incalculable*, *insoutenable*, *niable*, *réparable*, etc., ne se disent que des choses.

*Déplorable*, ne peut se dire des personnes que dans le style poétique : *Déplorable* famille, victime *déplo-*

*rable.* Ou dans le style familier : c'est un homme *déplorable*, pour désigner un homme sans talent ni conduite.

Les adjectifs *consolable*, *capable* (de faire une action), ne se disent que des personnes ou des choses personnifiées.

# CHAPITRE XVIII.

## De la place des adjectifs relativement aux noms.

### § 1.

Le plus grand nombre des adjectifs se place indifféremment avant ou après les noms qu'ils qualifient.

Cependant leur place dépend souvent de l'idée qu'on veut rendre et des règles de l'harmonie.

Si on se propose de fixer particulièrement l'attention sur l'adjectif, celui-ci se met plutôt après le nom. Ex. : du marbre *blanc*, un habit *bleu*, une robe *rouge*, une femme *active*, un homme *laborieux*, des lois *sévères*, un chien *savant.*

L'harmonie veut aussi que l'adjectif, s'il a plus de syllabes que le nom, soit plutôt placé le dernier. Ex.: un enfant *studieux.*, un chant *harmonieux*, un air *mélancolique,* un roi *conquérant.*

Si l'adjectif est un participe passé devenu adjectif verbal, il se place toujours à la suite du nom : Un homme *instruit*, une âme *troublée*, un plaisir *manqué.*

L'adjectif se met avant le nom :

1º Lorsqu'on ne veut pas y attirer l'attention. Ex. : une *grande* ville, un *beau* palais, un *vieux* livre, une *vaste* mer.

2º Lorsqu'il est la qualification ordinaire du nom auquel il est joint. Ex. : un *adroit* fripon, un *fidèle* ami, une *basse* calomnie.

3º Quand les adjectifs ont moins de syllabes que les substantifs, ex.: une *haute* montagne, un *beau* pays, une *belle* mélodie.

Ces règles n'ont rien d'absolu, c'est au goût et à l'expérience de celui qui parle ou qui écrit qu'il appartient le plus souvent de déterminer la place de l'adjectif.

### § 2.

Quelquefois cependant la signification des adjectifs dépend de la place qu'ils occupent. Placés après les noms, certains adjectifs conservent leur signification propre, et la changent s'ils sont placés avant.

Un homme *bon* est un homme qui a de la bonté; un *bon homme* est un homme simple.

Un *homme brave* a de la bravoure; un *brave homme* est un homme de bien.

L'*homme honnête* est poli; l'*honnête homme* est probe.

Un *homme pauvre* est sans fortune; un *pauvre homme* est sans mérite.

Un *homme grand* est de haute taille; un *grand homme* a fait de grandes choses.

Une *méchante comédie* est sans valeur; une *comédie méchante* est synonyme de mordante.

Un *mauvais air* est un air ignoble; un *air mauvais* est un air méchant, redoutable.

# CHAPITRE XIX.

## Complément des adjectifs.

### § 1.

Plusieurs adjectifs n'ont un sens complet qu'en s'unissant à des noms ou pronoms par le moyen d'une préposition.

Tels sont : *adhérent*, *inhérent*, *attenant*, *conforme*, *conciliable*, *compatible*, *incompatible*, *comparable*, *indigne*, *inférieur*, *supérieur*, *redevable*, etc.; car on ne peut pas dire : ceci est *adhérent*, *attenant*, *conforme*, *comparable*, etc., sans dire à quoi.

Le nom que réclame le sens de l'adjectif en est le *complément*.

D'autres adjectifs ont par eux-mêmes un sens complet et n'exigent, par conséquent, rien après eux. Tels sont : *aimable*, *beau*, *bon*, *courageux*, *contagieux*, *intrinsèque*, *inviolable* et un grand nombre d'autres.

Enfin il y a plusieurs adjectifs qui, selon l'idée qu'ils expriment, présentent un sens complet par eux-mêmes, ou bien ont besoin d'un complément. Tels sont : *agréable*, *affable*, *ardent*, *convenable*, *utile*, etc. Ex.: C'est un livre *utile*, *utile à tous*.

### § 2.

Les adjectifs qui appellent un complément s'y joignent :

Les uns par la préposition *à*.

Tels sont *accessible*, *adhérent*, *antérieur*, *apre*, *ardent*, *convenable*, *exact*, *favorable*, *habile*, *inaccessible*, *inexorable*, *insensible*, *nuisible*, *odieux*, *préférable*, *prêt*, *prompt*, *terrible*, etc.

Les autres par la préposition *de*.

Comme : *affamé*, *affranchi*, *approchant*, *capable*, *chéri*, *dédaigneux*, *désireux*, *envieux*, *fier*, *honteux*, *impatient*, *ivre*, *jaloux*, *orgueilleux*, etc.

Certains adjectifs veulent la préposition *avec*.

Tels sont *compatible*, *incompatible*, *inconciliable*, etc.

D'autres la préposition *en*.

Comme *abondant*, *célèbre*, *fécond*, *fertile*, *riche*, etc.

D'autres la préposition *envers*.

Tels sont *charitable*, *cruel*, *officieux*, etc.

D'autres la préposition *pour*. Ex. : *alarmant*, *bienveillant*, *consolant*, *dangereux*, *injurieux*, etc.

D'autres enfin s'unissent à leur complément par l'une des prépositions : *dans, par, près, sur, sous, sans,* etc.

Mais pour la plupart des adjectifs c'est le sens de la phrase qui détermine par quelle préposition ils doivent s'unir à leur complément ; le même adjectif exige tantôt l'une, tantôt l'autre.

Ainsi, par exemple, l'adjectif *libre* peut être employé avec plusieurs prépositions. On dira : je suis libre *chez* moi, *dans* mon pays, *sur* cette terre, *sous* la protection des lois, *par* leur puissance, *sans* autre appui.

Il en est de même des adjectifs suivants : *affable, commun, fidèle, indulgent, ingénieux, ingrat, nécessaire, redevable, prodigue,* et d'une quantité d'autres.

§ 3.

Il y a des adjectifs qui ne veulent pas la même préposition avant les noms de personnes et avant les noms de choses.

Tels sont *redevable, responsable, reconnaissant, prodigue,* etc., qui veulent *à* devant un nom de personne et *de* devant un nom de choses. Ex : Je suis *redevable à* mes parents *de* mon éducation. Je *leur* suis *reconnaissant de* leurs soins.

Quelques adjectifs n'ont pas la même préposition devant un nom et un infinitif. On dira : l'air est nécessaire *à* la vie et nécessaire *pour* vivre. Il est nécessaire *aux* hommes *de* travailler.

Après les verbes sous la forme impersonnelle, l'adjectif veut la préposition *de*. Ex. : *Il est bon de* se préparer à la mort; *il est* beau *de* mourir pour son pays.

Plusieurs adjectifs peuvent n'avoir qu'un même complément ; mais alors il faut qu'ils exigent tous la même préposition, comme dans cet exemple : Il est *utile, agréable* et *cher* à sa famille.

S'ils exigent chacun une préposition différente il faut que le complément se répète après chaque préposition.

On ne dira pas : cet homme est *utile* et *chéri des siens :* mais il est *utile aux* siens et il *en est* chéri.

# CHAPITRE XX.

## Du verbe.

### § 1.

#### Du sujet du verbe.

Tout verbe employé à un des *modes définitifs* doit avoir un sujet. Ex. : *j'*aime, *vous* aimerez, *il* eut aimé.

L'impératif est le seul mode où le sujet soit sous-entendu. Ex. : *aime, aimons, aimez.*

Tout sujet doit être suivi d'un verbe. On ne dira donc pas : en quoi Scipion l'emporta sur Annibal *fut* d'avoir sauvé sa patrie ; car le verbe *fut* n'aurait pas de sujet. Il faut dire : *ce fut* d'avoir sauvé sa patrie.

On ne dira pas plus : les plantes qui sont le mieux cultivées, *elles* donnent les plus beaux fruits ; parce que le sujet les *plantes* ne répondrait à aucun verbe.

Quel que soit le nombre des mots qui séparent un sujet de son verbe, on ne doit pas rappeler ce sujet par un pronom. Ainsi la phrase suivante est vicieuse : *l'ambassadeur,* arrivé en grande pompe devant le palais, *il* se rendit auprès du prince. Il faut : *se rendit.*

### § 2.

Tout verbe s'accorde avec son sujet en nombre et en personne. Ex. : *J'aime, nous aimons, tu aimes, vous aimez, il aime, ils aiment.*

Si le sujet se compose de plusieurs noms singuliers, il devient un sujet pluriel, qui veut au pluriel le verbe suivant.

Ex. : l'or et l'argent *s'épuisent ;* mais la bonté, la sagesse, la grandeur d'âme ne *s'épuisent* jamais.

Quand les sujets d'un verbe sont de différentes personnes, le verbe se met à la personne qui a la priorité. Ex. : Vous et moi *nous écrivons ;* vous et votre frère *étudiez.*

Les différents noms au singulier, qui forment un sujet pluriel, peuvent être liés entre eux immédiatement ou par les conjonctions *et, ni.*

Quelle que soit leur liaison, le verbe dont ils sont le sujet se met au pluriel. Ex. : La colère *et* la précipitation *sont* mauvaises conseillères.

*Ni* l'or *ni* la grandeur ne nous *rendent* heureux.

L'ambition, l'amour, la haine *troublent* l'esprit.

Cette règle subit de nombreuses exceptions qui peuvent se réduire elles-mêmes en règles générales.

Quand un verbe a plusieurs sujets singuliers, il ne s'accorde qu'avec le dernier dans les cas suivants :

1º Lorsque ces sujets expriment à peu près la même pensée. Ex. : sa vanité, son orgueil *fait* pitié.

2º Si les différents sujets forment une gradation. Ex. : ce sacrifice, votre intérêt, votre honneur, Dieu vous le *commande.*

3º Si les sujets forment une énumération. Ex.: dans cet ouvrage le commencement, le milieu, la fin *est* admirable.

Il en est ainsi surtout quand l'énumération est précédée ou suivie par un déterminatif qui résume tous les sujets, comme : *tout, aucun, chacun, nul, personne, rien.* Ex.: *Personne,* riche ou pauvre, *n'aime* à souffrir.

Un souffle, une ombre, un rien, *tout* lui *donnait* la fièvre.

4º Si les différents sujets sont unis par la conjonction *ou* qui indique une idée d'alternative.

**Ex.** : *ou* ton sang *ou* le mien *lavera* cette injure.

Si la conjonction *ou* indiquait un sens collectif elle réunirait les différents sujets et le verbe se mettrait au pluriel.

**Ex.** : Le temps ou la mort *sont* nos remèdes.

Il en est de même de la conjonction *ni*. Si cette conjonction réunit les sujets, le verbe se met au pluriel; si elle les sépare, si elle indique l'alternative entre l'un et l'autre, le verbe se met au singulier.

Ainsi on dira au pluriel : ni l'un ni l'autre *n'ont fait* ce crime, et au singulier : ni votre ami ni le mien ne *sera* nommé à cette place.

Quand deux sujets du nombre singulier sont unis par *comme, ainsi que, aussi bien que, de même que,* etc., le verbe suivant se met au singulier si ces deux sujets sont comparés l'un à l'autre, et au pluriel s'ils sont réunis.

**Ex.** : La haine *comme* toutes les passions, obscurcit le jugement.

La chaleur *ainsi que* la lumière émanent du soleil.

Si les sujets sont unis par *autant que, non moins que, non pas, non moins, non plus que, non seulement, plutôt que,* etc., le verbe s'accorde avec celui qui exprime l'idée dominante.

**Ex.** : Les vertus *plutôt que* la naissance *ennoblissent.* Son mérite *non moins que* ses protecteurs lui *a valu* cette position.

§ 3.

**Sujets suivis du complément d'une préposition.**

Quand un verbe a pour sujet un nom singulier uni à un nom pluriel par une préposition, comme *une foule d'hommes, une troupe de soldats,* le verbe s'accorde avec celui des deux noms qui exprime la pensée dominante, sur lequel on veut fixer particulièrement l'attention. Ex. : une troupe d'assassins *l'attendait ;*

Une multitude d'oiseaux *chantaient* dans ce bocage.

La moitié des hommes se *moque* de l'autre.

Mais après *la plupart, une infinité, force, nombre, quantité*, etc. le verbe s'accorde généralement avec le complément pluriel.

Ex. : La *plupart* des gens ne *réfléchissent* pas.

*Nombre, quantité, une infinité* d'hommes se *perdent* par leur faute.

Tandis qu'après *le reste*, le verbe se met au singulier.

Ex. : Le *reste* ne *vaut* pas l'honneur d'être nommé.

## § 4.

### Adverbes de quantité sujets du verbe.

Après les adverbes de quantité, *assez, tant, trop, beaucoup, peu,* etc., employés comme sujets et suivis d'un complément pluriel, le verbe se met au même nombre que le complément. Ex. : *peu d'hommes se connaissent.*

Ex. : *Trop de prudence est timidité.*

Après *plus d'un,* le verbe se met au singulier. Ex. : *plus d'un témoin dépose.*

Excepté quand le verbe est sous la forme réciproque. Ex. : *plus d'un* ami *se sont dévoués* l'un à l'autre.

## § 5.

### Pronom *qui*, sujet du verbe.

Si un verbe a pour sujet le pronom relatif *qui,* ce verbe s'accorde en nombre et en personne avec le nom dont *qui* est le pronom, c'est-à-dire avec l'antécédent de *qui.*

Ex. : C'est *moi qui* vous *l'ordonne, moi qui suis votre père.*

*C'est nous qui l'exigeons.*

*C'est toi qui l'as voulu ; c'est vous qui le voulez.*

*C'est lui qui le désire, ce sont eux qui le demandent.*

Si le relatif *qui* est précédé de plusieurs noms de différentes personnes, le verbe se met à la personne qui a la priorité.

Ex. : *Eux et moi qui voulons* le bien ; *votre frère et vous qui* le *voulez* aussi, etc.

### § 6.

*Qui* est souvent précédé de deux noms unis, soit immédiatement, soit par une préposition.

Si le premier nom est qualifié par le second, comme il le serait par un adjectif, ce premier nom est l'antécédent de *qui ;* c'est par conséquent avec lui que le verbe s'accorde. Ex.:

C'est vous, prince, *qui pouvez* faire grâce.

Nous sommes des négociants *qui voyageons* pour nos affaires.

Mais si le dernier nom n'est pas qualificatif, s'il est employé substantivement, c'est avec ce dernier que le verbe s'accorde. Ex. :

Vous raisonnez en *homme qui a étudié* la question.

Vous en parlez comme *quelqu'un qui a vu.*

On reconnaît en général que le dernier nom est employé substantivement lorsqu'il est accompagné d'un déterminatif ou remplacé par un pronom.

Ex. : Je suis le *voyageur qui vous a rencontrés.*

Vous êtes *ceux qui nous ont le mieux défendus.*

Mais le plus souvent, pour distinguer le véritable antécédent de *qui,* on est obligé de consulter le sens de la phrase.

La principale règle est donc celle-ci : le verbe, dont *qui* est le sujet, s'accorde en nombre et en personne avec celui des noms précédents auquel le relatif *qui* se rapporte d'après le sens.

Ainsi on dira : c'est *un de vous qui m'a* trompé.

Vous êtes *un de ceux qui m'ont* trompé.

### § 7.

#### Verbe *être* joint à *ce*.

Quand le verbe *être* est joint à *ce* et suivi d'un nom ou pronom pluriel de la troisième personne, ce verbe se met généralement au pluriel.

Ex. : *ce sont nos amis ; ce sont les Français.*
*Sont-ce là vos promesses?*

Il se met encore au pluriel s'il est précédé par un nom pluriel. Ex. : *les conquérants les plus célèbres, ce sont* Alexandre, Annibal, César, etc.

Si le verbe *être* est suivi du nom de la première ou de la deuxième personne, il se met au singulier.

On ne dit pas : *ce sont nous, sont-ce nous? ce sont vous, sont-ce vous?* mais on dit : *C'est nous qui arrivons; c'est vous qui partez. Est-ce vous qui fuyez?*

Le verbe *être* se met encore au singulier s'il est suivi de plusieurs noms ou pronoms au singulier.

Ex. : l'aliment de l'âme *c'est* la *vérité et la justice.*
*C'est votre frère et votre sœur* qui me l'ont dit.

D'après le sens on dira : *c'est huit heures qui sonnent,* en parlant de la *huitième heure,* et : *ce sont huit mortelles heures d'attente;* parce que dans le premier cas on n'indique qu'une certaine heure, tandis que dans le second, on parle de plusieurs heures de suite.

Si le verbe *être* a pour sujet plusieurs infinitifs et qu'il soit suivi d'un nom pluriel, il se met au pluriel ; tandis qu'il garde le singulier si le nom suivant est au singulier. On dira donc :

*Parler* peu, *écouter* beaucoup sont deux qualités rares.

*Boire, manger et dormir est* toute l'occupation du paresseux.

Dans les propositions interrogatives le verbe *être* se met au singulier toutes les fois que l'harmonie l'exige. On ne dira donc pas : *Seront-ce, furent-ce* nos ennemis? ce qui serait d'une prononciation désagréable; mais : *sera-ce, fut-ce* nos ennemis?

Dans l'expression *si ce n'est*, suivie de *pas* ou *point*, le verbe se met au pluriel si le nom suivant est au pluriel.

Ex. : *Si ce ne sont point* des ennemis, *ce sont* de faux amis.

Mais il se met toujours au singulier quand *si ce n'est* s'emploie sans être suivi de *pas* ou *point*. Ex. : qui perd les hommes, *si ce n'est* leurs passions ?

# CHAPITRE XXI.

**De l'objet du verbe.**

### § 1.

L'objet du verbe est direct ou indirect.

L'objet direct est uni au verbe immédiatement ; l'objet indirect ne l'est que par l'intermédiaire d'une des prépositions *à, de, par, pour, sans, avec,* etc.

Les verbes objectifs seuls peuvent avoir à la fois un objet *direct* et un *indirect*.

Les verbes subjectifs n'ont que l'objet indirect.

Il ne faut pas donner à l'un de ces objets la forme de l'autre. On ne dira donc pas : Informez-vous *ce qu'il devient* ; mais : *de ce qu'il devient*.

La mort *n'épargne personne* ; mais : *n'épargne à personne*.

Quand le verbe n'a qu'un objet indirect il ne faut pas employer deux fois la préposition.

On ne dira donc pas : c'est *à vous à qui* je m'adresse; mais : c'est à vous *que je* m'adresse.

### § 2.

L'objet de chaque verbe doit être sous la forme que le verbe exige.

Si donc le même nom est l'objet de deux verbes, et qu'il soit pour l'un l'objet direct, et pour l'autre l'objet indirect, il faut que ce nom soit employé deux fois; d'abord sans intermédiaire après le premier verbe, ensuite avec la préposition après le second.

On ne dira pas : je connais et me fie *à votre courage;* mais : je connais *votre courage* et je *m'y* fie (*y* pour *à lui.*

De même quand deux verbes exigent que leur objet indirect soit précédé de deux prépositions différentes, il faut répéter l'objet après chaque verbe en y joignant la préposition convenable.

On ne dira pas : Avec le chemin de fer il ne faut qu'un jour pour aller et revenir *de* Paris.

Il faut dire : pour aller *à* Paris et *en* revenir.

Si l'objet d'un verbe est multiple, c'est-à-dire composé de plusieurs objets distincts, ces objets doivent être de la même espèce.

Les exemples suivants : Il aime *le plaisir et à travailler,* je crois sa *santé bonne et qu'il vivra* longtemps, sont des locutions vicieuses. Il faut dire : Il aime le *plaisir et le travail.* Je crois *que* sa santé *est* bonne et *qu'il vivra* longtemps.

### § 3.

Quand le verbe est à la voix passive, comme : *Je suis aimé, tu es estimé,* son objet indirect doit être précédé de la préposition *par,* s'il s'agit d'une action. Ex. : Cet ouvrage a été fait *par* lui; cette contrée est ravagée *par* les eaux; tandis qu'il sera précédé de la préposition *de* si le verbe exprime un état moral, un sentiment. Ex.: *Vous êtes chéri de vos maîtres; il est estimé de tous.*

Cependant quelquefois on emploie alternativement les prépositions *par* et *de* pour éviter la répétition du même mot, ou bien quand le verbe est pris dans un sens détourné. Ainsi on dira : *frappé de ce que vous dites, touché de sa grâce,* au lieu de *par sa grâce.*

### § 4.

### De la place des objets du verbe.

L'objet direct se place généralement avant l'objet indirect : Ex. : Je donne *ce livre* à *mon frère.*

Cependant si le sens ne le défend pas, c'est l'objet le plus court qui se place le premier : Ex. : Je donne *à cet homme toute permission.*

Mais la clarté est la règle suprême : les objets du verbe doivent être disposés de manière à éviter toute équivoque. On ne dira donc pas : Il arrache tous *ses secrets à la nature;* mais il arrache *à la nature tous ses secrets.*

Quand l'objet, soit direct, soit indirect, est un pronom, il se met généralement avant le verbe. Ex.: *Tu me le donnes; je te le rends.* Excepté à l'impératif : *Écoute-moi; rends-le; pressez-vous.*

# CHAPITRE XXII.

### § 1.

### Emploi des auxiliaires avec les verbes subjectifs.

L'auxiliaire *avoir* s'emploie généralement pour exprimer l'action, et l'auxiliaire *être* pour exprimer la manière d'être ou l'état.

Par conséquent ceux des verbes subjectifs qui expriment particulièrement l'action prennent la plupart pour auxiliaire le verbe *avoir*. Tels sont *courir, dormir, contrevenir, marcher, paraître, périr, régner, subvenir, succéder, succomber, vivre, survivre, triompher.* Ex. : il *a* couru, ils *ont* régné, ils *ont* vécu,

Cette règle renferme un grand nombre d'exceptions.

Plusieurs verbes subjectifs, tels que : *aller, arriver, choir, décéder, éclore, entrer, mourir, naître, tomber, venir, devenir, intervenir, parvenir, revenir,* etc., bien qu'exprimant l'action, se conjuguent avec l'auxiliaire *être.* Ex. : Je *suis* allé, vous *êtes* venu.

§ 2.

Un certain nombre de verbes subjectifs se conjuguent tantôt avec *avoir,* tantôt avec *être* selon qu'ils expriment l'action ou la manière d'être.

Tels sont *accourir, apparaître, cesser, changer, croître, décamper, déchoir, descendre, disparaître, embellir, empirer, entrer, grandir, monter, partir, passer, rajeunir, rester, vieillir,* etc.

Ex. : j'*ai* passé par là; il *est* passé. J'*ai* monté cet escalier; il *est* enfin monté au faîte. Il *a* parti comme un trait; il *est* parti d'hier. Midi *a* sonné tout à l'heure; midi *est* sonné depuis une heure.

Les verbes *convenir, demeurer, échapper, expirer* changent d'auxiliaire en changeant de signification.

*Convenir,* signifiant *être à la convenance,* se conjugue avec *avoir.* Ex. : cette place *m'eut* convenu; j'*aurais* convenu à cette place.

Il se conjugue avec *être* s'il signifie *se mettre d'accord, faire une convention.* Ex. : nous *sommes* convenus de cela, il en *est* convenu.

*Demeurer,* pris dans le sens d'*habiter* dans un lieu, de *tarder* à venir, à faire un ouvrage, se conjugue avec *avoir.* Ex. : Il *a* demeuré chez vous. Ils *ont* demeuré longtemps à ce travail.

Mais il se conjugue avec *être* s'il est pris dans le sens

de la situation, de l'état dans lequel on reste. Ex. : Ils *sont demeurés* sur la place, sur leurs jambes. Nous *sommes demeurés* ébahis.

*Echapper* prend *avoir* s'il signifie le fait de s'échapper, et l'auxiliaire *être* s'il désigne l'état d'une personne ou d'une chose échappée. Ex. : ce voleur *a échappé* à la justice, il *est échappé* depuis deux mois. Vous *avez échappé* au danger, et vous en *êtes échappé*.

En parlant d'un mot prononcé par un autre on dira : ce mot *m'a échappé*, pour dire qu'on ne l'a pas entendu, remarqué, ou retenu ; et en parlant d'un mot qu'on a dit soi-même : ce mot *m'est échappé*, pour dire qu'on l'a prononcé sans réfléchir.

*Expirer*, signifiant le fait de mourir ou de cesser d'exister, prend l'auxiliaire *avoir*.

On dit donc : cet homme *a expiré* hier. Son bail *a expiré* l'an dernier.

Mais il se conjugue avec *être* s'il signifie l'état où se trouve une chose qui a cessé d'être. Ex. : mon bail *est expiré* d'hier ; sa peine *est expirée* depuis longtemps.

---

# CHAPITRE XXIII.

## Emploi des modes du verbe.

### § 1.

### De l'Indicatif présent.

Le présent de l'indicatif s'emploie pour exprimer un fait qui a lieu au moment où l'on parle. Ex. : *Je suis, tu pars, il vient.*

Il s'emploie encore, quel que soit le temps du verbe qui précède :

1º Pour exprimer une vérité permanente, ou un fait

qui continue d'être, bien qu'il ait été déjà dans le passé. Ex. : Notre maître nous a enseigné que les hommes *doivent* s'aimer les uns les autres.

On m'a écrit que vous *travaillez*.

Cependant l'imparfait s'emploie quelquefois dans des cas analogues. Ex. : on m'avait dit que vous *travailliez* sans cesse à ce tableau; je vois qu'on m'a trompé.

2° Pour exprimer un futur prochain, c'est-à-dire un fait qui n'est pas encore, mais qui est sur le point d'avoir lieu.

Ex. : Je *pars* ce soir, et je *reviens* la semaine prochaine.

Je *suis* à vous dans un moment.

3° A la place du futur après la conjonction conditionnelle *si*. Ex. : *Il sera* puni s'il *recommence*.

Mais après le *si* dubitatif, on emploie le futur. Ex.: Je ne *sais* s'il *sera* puni :

4° A la place du passé pour donner plus de rapidité et d'expression à un récit. Au lieu de dire : Alexandre *soumit* les Grecs, *passa* en Asie, *défit* Darius et *s'empara* de ses états, on dira au présent : Alexandre *soumet* les Grecs, *passe* en Asie, *défait* Darius et *s'empare* de ses états.

§ 2.

### Emploi du Passé.

Le *passé indéfini* s'emploie généralement pour exprimer un fait passé depuis peu ou qui vient de se passer au moment où l'on parle, et le *passé défini* pour exprimer un fait complétement accompli depuis un certain temps, soit qu'on indique, soit qu'on n'indique pas l'époque.

On dira donc au passé indéfini : *j'ai vu* votre frère hier; *il a dû* finir son ouvrage aujourd'hui. J'en *ai parlé* tout à l'heure à son ami.

Et au passé défini : je le *rencontrai* l'année dernière : vous *fîtes* bien alors de l'avertir. Nous *fûmes* sur le point de conclure.

On ne doit pas employer le passé défini à la place du passé indéfini. Il ne faut pas dire : je le *vis* ce matin ; vous lui *parlâtes* tout à l'heure ; on doit alors se servir du passé indéfini : je *l'ai vu ;* vous *lui avez parlé* tout à l'heure.

Mais on emploie souvent le passé indéfini pour le défini. On dit également : je *l'ai connu* ou je *le connus* autrefois.

Lorsqu'on veut adoucir l'expression d'un ordre ou l'affirmation d'un fait on emploie quelquefois le futur relatif au lieu du passé indéfini. Ex. : Rendez fidèlement le dépôt qu'on vous *aura* confié, au lieu de *qu'on vous a.* Vous *aurez* mal entendu.

Toutes les fois qu'on parle de deux faits passés dont l'un a précédé l'autre, le premier doit être exprimé par le passé *antérieur* ou le *plus-que-parfait.*

On ne dira donc pas : *j'ignorais, je n'ai pas su que vous avez fait* ce voyage ; mais *que vous aviez fait.* On ne dira pas non plus : *j'ai fait* ce voyage quand on *m'a dit* qu'il était nécessaire ; mais *quand on m'eut dit.*

# CHAPITRE XXIV.

### Emploi du Conditionnel.

## § 1.

Le verbe se place à un des temps du conditionnel lorsqu'il dépend d'une condition exprimée ou sous-entendue. Ex. : Je *voudrais* partir, *mais* je ne le puis. Je *serais* parti *si* j'eusse été libre.

9

Le conditionnel présent exprime également l'idée du futur; aussi s'emploie-t-il pour exprimer le futur, même quand il est précédé d'un temps passé. Ex. : Je croyais, j'ai toujours cru qu'il *réussirait*.

### § 2.

On fait usage du conditionnel présent :

Pour exprimer le présent en rapport avec un conditionnel passé. Ex. : J'aimerais cet enfant s'il *eût été* bien élevé.

Pour exprimer le futur en rapport avec un verbe au présent. Ex. : Je pense qu'il *pourrait* réussir.

Et enfin pour exprimer le futur en rapport avec un verbe à un temps passé. Ex. : Je croyais, j'ai cru, j'avais cru qu'il *réussirait*.

Mais on n'emploie que le futur quand le fait ne dépend d'aucune condition, quand il est exprimé sans aucun doute. Ex. : les astronomes ont annoncé qu'il y *aura* cette année une éclipse de soleil, et qu'il *paraîtra* deux comètes. On ne doit pas dire : qu'il y *aurait*, qu'il *paraîtrait*.

### § 3.

Quand le conditionnel dépend d'un autre verbe précédé de la conjonction *si*, il se met :

Au *présent* lorsque l'autre verbe est à l'imparfait. Ex. : je vous *aimerais* si vous me *serviez*,

Au *passé* si l'autre verbe est au plus-que-parfait. Ex.: Je vous *aurais aimé* si vous m'*aviez servi*.

Au *plus-que-parfait* si l'autre verbe est au plus-que-parfait du subjonctif. Ex. : Je vous *eusse aimé* si vous m'*eussiez servi*.

Dans ce dernier cas on emploie également le conditionnel passé. Ex. : Je vous *aurais aimé* si vous m'*eussiez servi*.

Il ne faut pas mettre les deux verbes de la phrase au conditionnel ; car un seul dépend de la condition exprimée ou sous-entendue. On ne dira donc pas : je vous aimerais si vous me *serviriez,* si vous *m'auriez servi.*

# CHAPITRE XXV.

## Emploi du Subjonctif.

### § 1.

Subjonctif veut dire dépendant.

On met au subjonctif tout verbe précédé de la conjonction *que* et dépendant d'un autre verbe exprimant le *désir*, la *crainte*, la *volonté*, la *supposition*, le *commandement* ou la *défense*, les sentiments de *joie*, de *douleur*, de *surprise*, d'*admiration*, de *reconnaissance.*

Ex. : Je désire que vous *réussissiez.*

Je voudrais qu'il vous *suivît.*

Je suis heureux que tout *soit* terminé.

Quelquefois le verbe précédent est sous-entendu. Ex. : *Périsse* l'univers plutôt qu'un principe.

Cependant après les verbes *croire*, *espérer*, s'*attendre*, se *douter*, s'*imaginer*, et d'autres d'une signification analogue, le verbe dépendant se met à l'indicatif.

Ex. : J'espère qu'il *réussira.* Je m'imagine qu'il *va* répondre. Il est probable qu'on l'y *forcera.*

Mais si ces verbes sont accompagnés d'une négation ou d'un mot indiquant le doute, il faut mettre au subjonctif le verbe dépendant.

Ex. : Je ne pense pas qu'il *vienne.*

J'ai peine à croire qu'il *soit* sorti.

### § 2.

On met au subjonctif tout verbe qui dépend d'un verbe antérieur sous la forme interrogative.

Ex. : Etes-vous sûr qu'il ne *vienne* pas ?

Est-il vrai qu'il *m'ait quitté* pour toujours !

Cependant si la forme interrogative n'est employée que pour donner plus de vigueur à la pensée et non pour interroger sur un fait douteux, il faut mettre le verbe dépendant à l'indicatif.

Ex. : Oubliez-vous que vous l'*avez* juré ?

Ne vous souvient-il plus que vous me l'*avez dit* ?

### § 3

Après les verbes impersonnels ou employés impersonnellement, tels que : *il paraît, il est vrai, il semble,* comme après les expressions *on dirait, on croirait,* etc., on met à l'*indicatif* le verbe suivant s'il exprime un fait positif et non futur, et on le place au *subjonctif* s'il exprime un fait futur ou incertain.

On dira donc avec l'*indicatif :* Il paraît qu'il *a changé* de conduite. Il me semble que vous me l'*avez dit.* On dirait *qu'il en doute.*

Et avec le *subjonctif :* Il importe que vous le *surveilliez.* Il n'est pas certain qu'il *m'ait trompé.* On eût dit qu'il *vous eût entendu.*

La même règle s'applique aux verbes dépendant des locutions conjonctives : *comme si, si non que, si ce n'est que, de façon que, de sorte, de manière que, tout... que.*

Le verbe qui dépend de ces conjonctions se place à l'indicatif s'il n'exprime pas le futur, ou si le verbe précédent renferme une affirmation positive.

Ex. : Il *s'est conduit comme si* tout le monde *avait eu* les yeux sur lui ; de *manière que* tout le monde *en a été content. Tout* savant *que* vous êtes, *vous ignorez* bien des choses.

Mais le verbe dépendant se met au subjonctif, s'il renferme l'idée du futur ou si le verbe précédent laisse quelque incertitude.

Ex. : Vous vous *conduirez* de telle sorte qu'on *soit* content de vous, de *manière que* personne *n'ait* à s'en plaindre. *Tout* habile *qu'il soit*, il se *laisse* souvent tromper.

Les autres locutions conjonctives, terminées par *que*, veulent toujours le verbe dépendant au subjonctif. Il faut donc le subjonctif après *afin que, à moins que, avant que, de crainte que, pour que, pourvu que, quoique, c'est assez que, si que*, etc. Ex. : afin qu'il *réussisse;* pourvu qu'il *vienne;* quoiqu'il *dise.*

### § 4.

Après les pronoms *qui, que, dont, où*, comme après les expressions pronominales, *le seul, le premier, le dernier, le meilleur, le plus, le moins, le mieux*, etc., le verbe dépendant se met à l'*indicatif*, si l'autre verbe affirme positivement.

Ex.: Je recherche *qui* me *plaît* et fuit *qui* me *déplaît.*

Il ne regrette que le lieu où il *a passé* son enfance.

La seule chose *que* nous ne *savons* pas, c'est l'heure de notre mort.

Mais il faut le *subjonctif* si le verbe précédent exprime le doute, s'il n'affirme pas positivement, ou si le verbe dépendant renferme une idée de futur.

Ex. : Il ne veut acheter qu'une campagne *qui lui plaise.*

Il choisira la plus belle position *qui soit* dans les environs.

Il n'y a point d'excès *dont* l'homme ne *soit* capable.

### § 5.

**Emploi des différents temps du subjonctif.**

Le verbe dépendant se met généralement au *présent du subjonctif* quand il n'exprime pas un fait passé et quand le verbe antérieur est au *présent de. l'indicatif* ou à *l'un des deux futurs.*

Ex. : Je *veux*, je *voudrai*, j'*aurai voulu que. tu fasses ton devoir.*

Le verbe dépendant se met généralement à l'*imparfait* du *subjonctif* quand le verbe précédent appartient à un des temps passés de l'indicatif ou au conditionnel, soit présent soit passé.

Ex. : Je *voulais*, j'*ai voulu*, j'*avais voulu*, je *voudrais*, j'*eusse voulu* qu'il *prît* la parole.

Il se met au *parfait du subjonctif*, s'il exprime une idée de passé et si le verbe précédent est au *présent* ou au *passé indéfini*, ou à *l'un des deux futurs.*

Ex. : *Je veux*, j'*ai voulu*, *je voudrai*, j'*aurai voulu* que *nous ayons achevé* notre ouvrage.

Enfin il se met au *plus-que-parfait du subjonctif* s'il exprime un fait antérieur au fait passé qu'exprime le verbe précédent, et si ce dernier est à l'un des temps passés de *l'indicatif* ou au *conditionnel soit présent, soit passé.*

Ex. : *Je voulais, je voulus, j'avais voulu, je voudrais, j'aurais voulu* que *tu eusses parlé*, que *tu fusses venu.*

## § 6.

Les règles précédentes peuvent se résumer en une seule : le verbe subordonné doit être placé au temps du subjonctif qui convient le mieux pour rendre exactement la pensée.

Ainsi, quel que soit le temps du verbe précédent, si le verbe dépendant exprime un fait présent ou futur, il faut mettre ce verbe au *subjonctif présent ;* comme on le mettra à *l'imparfait* s'il exprime un fait qui ne soit pas tout-à-fait passé, au *parfait* si le fait est passé complétement, et au *plus que parfait* si le fait est passé doublement.

On met encore au présent du subjonctif tout verbe qui exprime un fait permanent. Ainsi on dira : Dieu *a donné* à l'homme l'intelligence pour qu'il se *nourrisse* de la vérité. Vous l'avez *trahi* bien qu'il *soit* votre parent.

Quelquefois même le sens exige que deux verbes, dépendant de la même condition, se mettent à différents temps du subjonctif.

Ex. : Il n'est personne qui ne l'*aime* et qui ne lui *sacrifiât* beaucoup s'il le fallait.

# CHAPITRE XXVI.
### Emploi de l'infinitif.

#### § 1.

L'infinitif étant un substantif abstrait, peut, de même que tout substantif, être employé dans une proposition comme *sujet*, comme *attribut* et comme *objet* du verbe.

Dans cet Ex. : *Travailler* c'est *accomplir* son devoir; *travailler* est le sujet, *accomplir* est l'attribut de la proposition.

Dans cet autre : Il veut *passer* pour *être* sage; *passer* est l'objet direct de la proposition, *être* en est l'objet indirect.

L'emploi de l'infinitif donne au discours plus de rapidité; mais il faut l'éviter quand on craint l'obscurité ou l'amphibologie. On dira bien :

Dieu t'a fait pour l'*aimer* et non pour le *comprendre*.

Mais on ne doit pas dire :

Dieu nous donne des richesses pour *faire* des heureux ; car on ne sait si c'est pour *nous faire heureux*, ou *pour que nous fassions des heureux*.

#### § 2.

Parmi les verbes qui ont un infinitif pour objet,

les uns ne veulent point de préposition avant l'infinitif, les autres exigent la préposition *à* ou la préposition *de*.

Les verbes suivants s'emploient avant un infinitif sans préposition :

| | | |
|---|---|---|
| Aimer mieux, | Espérer, | Savoir, |
| Aller, | Falloir, | Sembler, |
| Compter, | Imaginer (s'), | Sentir, |
| Croire, | Laisser, | Valoir mieux, |
| Daigner, | Oser, | Venir, |
| Désirer, | Penser, | Voir, |
| Devoir, | Pouvoir, | Vouloir, |
| Entendre, | Prétendre, | Faire. |

Ex. : J'aime mieux *laisser faire*; il va *partir*; il compte *arriver* bientôt; vous croyez *réussir*; il daigne *écouter*, etc.

### § 3.

La préposition *à* doit être placée avant un infinitif après les verbes :

*S'abaisser, aboutir, s'abuser, s'accorder, aider, aimer, chercher, concourir, contribuer, donner, engager, exceller, exciter, inviter, parvenir, penser, persister, réduire, réussir, servir, tarder, travailler*, etc.

Ex. : Ils s'abaisse *à* tromper, je m'abuse *à* croire, vous excellez *à* peindre.

Les verbes suivants veulent la préposition *de* :

*S'abstenir, accuser, achever, avertir, cesser, conseiller, défendre, désirer, dire, empêcher, éviter, féliciter, hâter, inspirer, manquer, ordonner, prescrire, punir, rire, souhaiter, supplier, trembler*, etc.

Ex. : Abstenez-vous *de* répondre; il vous accuse *de* mentir; je me hâte *de* finir; nous avons manqué *d'*arriver.

Plusieurs verbes, tels que *commencer, continuer*,

*contraindre, demander, obliger, oublier, s'empresser, s'engager, souffrir,* etc., prennent tantôt *à*, tantôt *de* selon les circonstances et le but de celui qui parle. Ex. : Je commence *à* parler ; il commençait *de* parler ; on l'oblige *à* se taire , il est obligé *d'*obéir.

### § 4.

Il faut éviter l'emploi d'un trop grand nombre d'infinitifs de suite.

Souvent on doit en employer deux , surtout quand l'un est l'infinitif *faire ;* on dit : *faire faire, faire marcher, pouvoir faire ;* mais rarement il est permis d'en employer trois , et jamais un plus grand nombre.

On ne dira donc pas :

Il a tort de *penser pouvoir faire trembler* ses ennemis. Comment *espérer pouvoir faire réussir* cette entreprise ?

# CHAPITRE XXVII.

## Emploi du participe.

### Distinction du participe et de l'adjectif verbal.

On confond souvent le *participe* avec l'*adjectif verbal* qui en dérive et qui lui ressemble.

Pour distinguer le participe de l'adjectif verbal , il faut se rappeler la nature de l'un et de l'autre.

Le participe étant un des modes du verbe reste toujours verbe. Comme verbe il exprime un *fait,* et peut avoir un *objet* ou *régime.*

Ex. : Entendez-vous cet oiseau *chantant* sous l'ombrage ?

Les ennemis ont passé comme un torrent *ravageant* les campagnes.

C'est en vain que nous avons *aimé* et *poursuivi* la gloire.

*L'adjectif verbal* perd la nature du verbe pour prendre celle de l'adjectif. Comme tout adjectif il exprime un *état*, une *manière d'être* plus ou moins durable.

Ex. : Voilà des hommes *aimants*, des femmes *aimantes*. Votre mère est *aimée* et *respectée*.

Par conséquent toutes les fois qu'on voudra exprimer un *fait*, un acte transitoire, on emploiera le *participe*, et quand on voudra exprimer une *manière d'être*, un état plus ou moins durable, on emploiera l'*adjectif verbal*.

Le participe est invariable quel que soit le sujet ou l'objet du verbe.

*L'adjectif verbal* suit la règle de tout adjectif, s'accordant en genre et en nombre avec le nom auquel il se rapporte.

---

# CHAPITRE XXVIII.

### Du participe présent.

### § 1.

Tout participe présent se termine en *ant* et ne varie jamais.

L'adjectif verbal qui en dérive se termine de même; mais, en sa qualité d'adjectif, il prend l'*e* muet au feminin, et le *s* au pluriel : Ex. : Votre frère est *souffrant*, votre sœur est *souffrante*. Ils sont *souffrants*, elles sont *souffrantes*.

Pour distinguer le participe présent de l'adjectif verbal qui lui ressemble il faut se rappeler la règle générale :

Le participe exprime un *fait*, un acte transitoire, et l'adjectif verbal exprime l'*état* d'une chose ou d'une personne.

Dans cet ex. : J'ai vu des débris *flottant* vers le rivage, on veut exprimer un fait, *flottant* est participe.

Dans cet autre : J'ai vu des débris *flottants* sur l'onde, on exprime une *manière d'être,* un état qui doit durer tant que les débris seront sur l'onde : *flottant* est donc adjectif verbal.

Les règles suivantes confirment la règle générale.

### § 2.

Le participe terminé en *ant* reste participe présent :

1° S'il est suivi d'un objet direct ou d'un objet indirect qui soit le complément essentiel de la pensée.

Ex. : Voilà des hommes *aimant* Dieu, des femmes *remplissant* leurs devoirs.

Des voyageurs *changeant* de route, *descendant* de la montagne.

2° S'il est accompagné d'une négation.

Ex. : Ce sont des gens tranquilles, jamais ne *grondant*, ne *contredisant*.

3° Quand il est précédé de la préposition *en*.

Ex. : C'est *en étudiant* que vous deviendrez instruits.

Nous nous perdons *en cédant, en reculant*.

4° S'il est modifié par un adverbe qui suive.

Ex. : Je les ai vus *travaillant toujours*.

Tandis qu'il devient adjectif si l'adverbe précède.

Ex. : Les hommes *toujours projetants, toujours remuants* ne réussissent à rien.

### § 3.

Au contraire la forme terminée en *ant* est un adjectif verbal.

1° Quand elle est employée sans objet direct ni indirect : voilà des enfants *obéissants*.

2° Quand elle termine une phrase : affrontons cette mer *écumante*.

3° Quand elle est jointe à un substantif par le verbe *être* : vous êtes bien *confiants*.

Plusieurs participes présents modifient leurs terminaisons en devenant adjectifs; tels sont *extravaguant*, *fatiguant*, *intriguant* qui perdent l'*u*. On dit : des hommes *extravagants*, *intrigants*, *fatigants*.

*Fabriquant*, *vaquant*, non-seulement perdent l'*u*, mais ils changent *q* en *c*. On dit : des *fabricants*; une place *vacante*.

Enfin les participes suivants : *adhérant*, *affluant*, *différant*, *excellant*, *présidant*, et quelques autres changent l'*a* en *e* quand ils passent à l'état d'adjectifs. On dit : une chose *adhérente*; des *présidents* de chambre; une affaire *excellente*.

*Résident* prend la double forme *résidant* et *résident*. *Résident* se dit de l'envoyé d'un état près d'un état étranger : un ministre *résident*. Mais on dit : les membres *résidants* d'une société, d'une académie.

# CHAPITRE XXIX.

### Du participe passé.

### § 1.

Le *participe passé* a plusieurs terminaisons.

Tous les participes passés des verbes de la première conjugaison se terminent en *é* : *aimé*, *estimé*, *frappé*.

La plupart des participes de la deuxième conjugaison se terminent en *i*, comme *fini*, *servi*. Un grand nombre de ceux de la troisième et de la quatrième sont terminés en *u*, comme *conçu*, *reçu*, *rendu*, *vaincu*; les autres participes se terminent par une des *consonnes*, *s*, *t*, comme *absous*, *mis*, *pris*, *craint*, *fait*, *offert*.

L'adjectif verbal qui dérive du participe passé se

termine comme lui; seulement il prend l'*e* muet au féminin et le *s* au pluriel : *aimée; finie; reçue; aimés; finis; reçus.*

§ 2.

Le *participe passé* ne s'emploie qu'avec l'auxiliaire *avoir.*

Toutes les fois qu'il est uni à un substantif, soit immédiatement, soit par l'auxiliaire *être*, ce mot n'est plus un *participe passé,* mais un *adjectif verbal* qui s'accorde en genre et en nombre avec le nom auquel il est joint.

Ex. : Que de maux *évités!* que de crimes *prévenus!* que de larmes *séchées!*

Ils sont *arrivés;* vous êtes *sortis;* nous étions *fatigués;* nous avons été *poursuivis ;* *bénie* soit la providence.

Cependant les participes *attendu, excepté, ouï, passé, supposé, vu, non compris, y compris*, et quelques autres restent invariables quand ils sont placés avant un nom, parce qu'alors ils jouent le rôle de prépositions.

On dit : *Attendu* la promesse que vous avez faite.

*Ouï* les conclusions de la défense.

Ils étaient deux mille habitants, *y compris* ou *non compris les femmes.*

§ 3.

Quand le participe passé se joint à l'auxiliaire *avoir,* l'auxiliaire seul est verbe; le participe passé n'est qu'un substantif objet du verbe *avoir*, et par conséquent invariable.

Dans ces exemples : J'ai *aimé;* votre sœur a *passé;* vos frères ont *couru;* ces enfants ont *travaillé,* les participes *aimé, passé, couru, travaillé,* sont de véritables substantifs, objets ou régimes du verbe *avoir* qui les précède.

Ces substantifs restent invariables, parce que chacun d'eux, exprimant un fait unique en son espèce, ne peut changer ni de genre ni de nombre.

### § 4.

Mais il est souvent difficile de distinguer si le participe passé, joint à l'auxiliaire *avoir,* reste participe, ou s'il devient adjectif.

Toute difficulté disparaîtra si on se pénètre bien de la règle suivante :

Le participe passé reste tel, c'est-à-dire substantif invariable, toutes les fois qu'il est l'*objet* ou le *régime* du verbe *avoir.*

On sait qu'il est l'objet du verbe *avoir :*

1° Quand il appartient à un verbe subjectif. Vous avez *couru ;* elles ont marché.

2° Quand il n'a lui-même aucun objet. Ex. : Ils ont *persécuté ;* tu as *vaincu ;* nous avons *applaudi.*

3° Quand il est suivi d'un objet direct. Ex. : J'ai *aimé le monde ;* ils ont *poursuivi les ennemis.*

### § 5.

#### Participe précédé d'un pronom.

Au contraire le participe change de nature, il devient variable toutes les fois que le verbe *avoir* a pour objet un nom ou pronom qui le précède ; car alors le participe passé n'est plus que le qualificatif ou l'adjectif de ce nom. Ex. :

Les fruits que j'ai *aimés.* Sa gloire qu'il a *flétrie.*

Dans ces exemples le verbe *avoir* a pour régime le pronom relatif *que,* remplaçant le nom précédent *fruits* ou *gloire ;* et les mots *aimés, flétrie* sont devenus les adjectifs de ces noms.

C'est comme si l'on disait : J'ai les *fruits aimés,* il a *sa gloire flétrie.* J'ai, quoi? *les fruits ;* et ces fruits, comment sont–ils? *aimés.* Le régime de *j'ai* est donc *fruits :* le participe *aimés* n'est plus ici qu'un adjectif exprimant une manière d'être des *fruits.*

Quand le pronom *le,* régime de l'auxiliaire *avoir,* représente tout un membre de phrase, il équivaut à *cela,* et le participe passé reste au masculin singulier, quel que soit le nom précédent. Ex.: Ces ouvriers sont plus habiles que vous ne *l'aviez dit ( que vous n'aviez dit cela,* c'est-à-dire qu'*ils étaient habiles* ).

Si le pronom *le, la,* représente un nom précédent, le participe s'accorde avec ce nom. Ex.: La nouvelle s'est trouvée telle que vous nous *l'aviez dite ;* parce qu'alors *l'* est pour *la,* ou *la nouvelle.*

## § 6.

### Parcicipe passé suivi d'un infinitif.

Si le participe passé est suivi d'un *infinitif,* tantôt il reste participe, tantôt il devient adjectif.

Il reste participe lorsque le nom qui le précède est l'objet, non de l'auxiliaire *avoir,* mais de l'infinitif suivant. Ex. : Le procès *que j'ai entendu plaider.* Les ennemis que j'ai *vu mettre en fuite.*

Qu'ai–je entendu? Est-ce le procès? non; j'ai entendu *plaider le procès.*

Qu'ai–je vu? Sont–ce les ennemis? non; j'ai vu *mettre en fuite les ennemis.*

Dans ces deux exemples, l'objet des verbes *j'ai entendu, j'ai vu,* n'est pas le nom précédent, mais l'infinitif suivant, qui lui-même a le nom précédent pour objet.

Le participe passé devient adjectif si le pronom précédent est l'objet de l'auxiliaire *avoir* et non de l'infinitif qui suit. Ex.: Les avocats *que j'ai entendus* plaider. Les hommes *que nous avons vus* passer.

Ici ce sont les *avocats* que j'ai *entendus*, les *hommes* que nous *avons vus*. On ne dit pas : *plaider les avocats; passer les hommes*.

### § 7.

Si l'infinitif qui suit le participe est précédé d'une préposition, les règles précédentes restent les mêmes. On dira donc : La tâche qu'il m'*a ordonné* d'accomplir, et : la tâche qu'il m'*a donnée* à faire. Qu'a-t-il ordonné? la tâche? Non; il a ordonné d'*accomplir la tâche*, et il a *donné la tâche à faire*.

Souvent l'infinitif se supprime après certains participes, tels que *dû, pu, voulu*, etc., qui restent invariables, parce qu'ils ont l'infinitif supprimé ou sous-entendu pour régime. Ex. : Il a récité sa leçon aussi bien qu'il a *pu* ( sous-entendu *réciter elle* ).

J'ai eu pour vous toute la reconnaissance que j'ai *dû* (sous-entendu *avoir* ).

### § 8.

Le participe a souvent pour objet ou régime tout un membre de phrase, précédé de la conjonction *que*.

Dans ce cas le participe est encore invariable. Ex.: Voilà la lettre que vous m'aviez *dit que je recevrais*.

Quelquefois le membre de phrase se supprime ou se sous-entend ; mais la règle reste la même. On dira donc : S'il se fût adressé à moi, je lui aurais rendu tous les services qu'il eût *voulu* (sous-entendu *que je lui rendisse* ).

D'autres fois c'est une préposition qui est sous-entendue, et le participe reste encore invariable. On dira donc : Les jours qu'il a *vécu*, les années qu'il a *souffert ;* c'est-à-dire *durant ou pendant lesquels*.

Le relatif *que* n'est plus ici le régime du verbe *avoir;* il est le complément de la préposition *durant, pendant*.

## § 9.

Les participes passés des verbes qui n'ont qu'un objet indirect ne se changent jamais en adjectifs.

Ex. : Sa légèreté, ses étourderies nous ont *nui* plus que tous ses talents ne nous ont *profité*.

Les participes passés des verbes qui s'emploient tantôt avec un objet direct, tantôt avec un objet indirect, tels que : *aider, applaudir, commander, servir,* etc., restent invariables s'ils ont un objet indirect et varient s'ils ont un objet direct.

Ex. : Votre secours nous a bien *servi* ( c'est-à-dire, *a bien servi à nous* ).

Vos domestiques nous ont bien *servis* ( c'est-à-dire, *ont nous bien servis*).

Vous nous avez *applaudis* ( c'est-à-dire *vous avez nous applaudis.*

Vous leur avez *applaudi,* pour : *vous avez applaudi à eux.*

Les verbes subjectifs sont quelquefois pris objectivement.

S'ils se conjuguent avec *avoir* ils suivent la règle des verbes objectifs; leur participe passé devient adjectif quand le verbe *avoir* a pour régime un pronom qui le précède.

Ex.: Les enfants *que* vous avez *pleurés.* C'est comme si on disait : vous *avez ces enfants pleurés.*

## § 10.

La forme réfléchie ou réciproque ne change rien aux règles du participe.

Quand les verbes objectifs directs sont sous la forme réfléchie, bien qu'ils se conjuguent avec le verbe *être,* leur participe devient adjectif si l'objet du verbe le précède.

9`

Ex. : Que de maux ils *se sont causés* par leur faute !
Vous *vous êtes bien embrassés.*

Le participe reste invariable si son objet le suit ou si cet objet est indirect. Ex. : Ils se sont *causé* bien des maux.

Ils se sont *succédé* dans cette place.

Vos sœurs se sont *plu* à la campagne.

### § 11.

Tout participe passé d'un verbe impersonnel ou employé impersonnellement est invariable.

Ex. : Il a *plu* des torrents d'eau.

Il est *arrivé* de bonnes nouvelles.

Les grandes chaleurs qu'il a *fait* cet été.

Il s'est *rassemblé* plusieurs régiments.

Le participe passé *fait,* suivi d'un infinitif, comme dans ces ex. : *ils se sont fait battre, elles se sont fait conduire,* ne varie jamais, parce que l'infinitif qui le suit en est l'objet ou le régime.

Précédé d'un adverbe de quantité, comme *tout, autant, beaucoup, que, combien,* etc., le participe passé se change en adjectif et s'accorde avec le nom qui suit l'adverbe. Ex. : Ce sont *autant* d'occasions qu'il a *perdues. Combien* d'erreurs il a *évitées!*

Le participe passé se change aussi en adjectif quand il est précédé de *le peu de.*

Mais il s'accorde avec le nom qui suit *le peu de* si ce nom exprime des choses qui se comptent, comme dans cet ex. : *le peu d'obstacles qu'il a rencontrés;* tandis qu'il s'accorde avec *le peu* si le nom suivant est un nom propre abstrait ou un nom partitif. On dira : *Le peu de foi que j'ai fait en ses promesses. Le peu d'eau qu'on nous avait apporté.*

## § 12.

Précédé de *en*, le participe passé devient également adjectif. Mais cet adjectif s'accorde avec *en*, c'est-à-dire reste au masculin singulier, si *en* est l'objet de l'auxiliaire *avoir;* tandis que l'adjectif s'accorde avec le nom précédent si le verbe *avoir* a ce nom pour régime.

On dira donc : Vous attendiez des nouvelles, en avez-vous *reçu?* (c'est-à-dire , avez-vous reçu *de cela.*)

Le vilain homme! vous nous *en* avez *débarrassés.* (Vous avez *nous débarrassés* de lui.)

La même règle est applicable aux participes précédés de *en* et d'un adverbe de quantité ; *tant, autant, beaucoup, plus, moins, etc.*

Si le nom qui précède est collectif le participe s'accorde avec lui, comme dans cet exemple : *Plus j'ai vu d'ambitieux moins j'en ai estimés.*

Si le nom est partitif, le participe reste au masculin singulier. Ex. : *Autant on vous a laissé de fortune, autant vous en avez dissipé.* (Vous avez dissipé *de cela.*)

## § 13.

### Résumé.

Le participe, qu'il soit *présent* ou *passé*, conserve toujours la nature du verbe : comme verbe il exprime un *fait transitoire*, et peut avoir un *objet* ou *régime.*

Le participe est un mode de l'infinitif. Comme tel c'est un substantif abstrait, par conséquent *invariable.*

Le participe présent exprime un *fait présent.*

Le participe passé un *fait passé.*

Ce dernier participe est toujours joint au verbe *avoir*, dont il est l'objet ou le régime : *J'ai vaincu.*

Si le verbe *avoir* a pour régime un nom ou pronom précédent, le participe qui le suit change de nature et devient adjectif verbal : Les ennemis *que j'ai vaincus.*

Les adjectifs verbaux dérivent des participes et leur ressemblent.

Mais ils s'en distinguent par leur signification et leur nature.

Tout adjectif verbal exprime *un état, une manière d'être :* il est donc, comme les autres adjectifs, essentiellement *variable,* c'est-à-dire obligé de s'accorder en genre et en nombre avec le substantif auquel il se rapporte.

# CHAPITRE XXX.

## Emploi des mots invariables; l'adverbe, la préposition et la conjonction.

### De l'adverbe.

### § 1.

L'adverbe renferme un sens complet; par conséquent il n'exige point, comme les prépositions et les conjonctions, de complément après lui.

Si les mots *dessus, dessous, dedans, dehors,* qui sont des adverbes, s'emploient quelquefois avec des compléments, c'est qu'ils sont alors considérés comme des prépositions. Cela arrive :

Quand deux de ces mots sont mis en opposition. Ex. : Il n'est ni *dessus* ni *dessous* la table.

Quand ils sont précédés d'une des prépositions *à, de, par.*

Ex. : On l'a tiré *de dessous* la table. Mettez ce manteau *par-dessus* vos habits.

Cependant lorsque l'un de ces adverbes a été employé avec un complément, le suivant peut être employé seul. Ex. : Les enfants *au-dessus* de deux ans et *au-dessous.*

Les mots *autour, avant,* qui sont des prépositions,

s'emploient comme adverbes, sans complément, lorsqu'ils sont modifiés par l'un des adverbes *tout*, *plus, moins, si, très, en.*

Ex.: Il regardait *tout autour;* il pénétra *plus avant;* ils ont crié : *en avant.*

### § 2.

Les adverbes *aussi, si,* ont souvent le sens de *également :* alors ils expriment une comparaison. Ex. : Il est *aussi* sage que son frère ; il n'est pas *si* sage que vous.

*Aussi* s'emploie de préférence dans les comparaisons affirmatives, et *si* dans les négatives.

*Si* a souvent encore le même sens que *tant.* Ex. : Il est *si* sage. Vous êtes *si* bon.

*Aussi* et *si* s'emploient devant les adjectifs et les adverbes, mais non devant les expressions adverbiales. On ne dit pas : *Je suis si à mon aise. Il est venu si à propos;* il faut dire : *si fort* à propos.

*Non plus* se met à la place d'*aussi* dans les propositions négatives : Il n'a pas *non plus* fait preuve de fermeté.

*Autant, tant,* doivent être suivis de la préposition *de* ou de la conjonction *que;* ils s'emploient avec des noms et des verbes. Ex. : Il a *autant de* mérite *que* son prédécesseur. Il le hait *autant qu'*il le craint.

L'homme n'aime rien *tant que* ce qui flatte ses passions.

*Autant* se joint quelquefois à des adjectifs, mais il faut qu'au moins un adjectif le précède. Cet homme est prudent *autant* que courageux.

*Tant* exprime souvent l'extension d'une idée.

Ex. : Votre conversation a *tant* de charme que, etc.

### § 3.

*Davantage* et *plus* expriment une idée de supériorité résultant d'une comparaison.

Mais *davantage* ne se joint jamais aux adjectifs, ni aux adverbes, ni aux participes; il n'est jamais suivi de la conjonction *que* ni de la préposition *de*.

Au contraire, *plus* se joint aux adjectifs, aux participes, aux adverbes, et presque toujours il est suivi de la conjonction *que* ou de la préposition *de*.

*Plus* s'emploie quelquefois comme *davantage* à la fin d'une proposition.

1° Lorsqu'il marque opposition : Ex. :

Tu me haïssais *plus* ; je ne t'aimais pas moins.

2° Lorsqu'il est précédé des adverbes *encore*, *bien*, *beaucoup*, etc.: je t'aimerais *encore plus*, *bien plus*, *beaucoup plus*.

*Le plus*, qui exprime le superlatif, ne peut être remplacé par *davantage* qui exprime seulement le comparatif. On ne dira donc pas : De ces deux héros, Alexandre est celui que j'admire *davantage* ; on doit dire : *le plus*.

Il est mieux de dire : plus d'*à moitié*, d'*à demi*, que : plus qu'*à moitié*, plus qu'*à demi*. Ex. : Il est vaincu plus d'*à demi*. Cet ouvrage est fait plus d'*à moitié*.

§ 4.

*Au moins* et *du moins* n'ont pas le même sens :

*Au moins* signifie *pour le moins*. Ex. : Je n'exige pas qu'il me serve ; mais, *au moins*, qu'il ne me nuise pas.

*Du moins* signifie *néanmoins*, *cependant*. Ex. : Dans son malheur il a, *du moins*, sauvé sa vie.

*Beaucoup*, joint à *plus*, *moins*, est presque toujours précédé de la préposition *de* : Il est *de beaucoup plus* savant, il est moins savant *de beaucoup*.

*Il s'en faut beaucoup* exprime une différence de *qualité*, et *il s'en faut de beaucoup* une différence de *quantité*.

Ex. : Votre frère n'est pas aussi docile que vous, il s'en faut beaucoup.

La somme n'y est pas, il *s'en faut de beaucoup*.

### § 5.

*Plus tôt* exprime une idée de temps, c'est l'opposé de *plus tard*. Ex. : Est-il arrivé *plus tôt*.

*Plutôt*, d'un seul mot, exprime une comparaison. Ex. : Il est *plutôt* fait pour commander que pour obéir.

*Tout de suite* signifie *sur le champ*, *à l'instant*.

*De suite* veut dire *successivement*, *sans interruption*.

Ex. : Il faut partir *tout de suite*.

Il ne sait pas dire deux mots *de suite*.

*Tout à coup* signifie *à l'instant, soudainement :* Il est parti *tout à coup*.

*Tout d'un coup* signifie *en même temps, d'un seul coup :* il est mort *tout d'un coup*.

*Très* ne se joint qu'aux adjectifs et aux adverbes.

On ne doit donc pas dire : Il fait *très-froid*, j'ai *très-faim*. Mais on dira : J'ai *bien* faim, il fait *extrêmement* froid.

### § 6.

**Adverbes négatifs** *non*, *ne pas*, *ne point*.

*Non* s'emploie seul, comme remplaçant une proposition tout entière. Ex. : Partez-vous ? *Non*, pour : *je ne pars pas*. Vient-il ? *Non*, pour : *il ne vient pas*.

*Non* ne se joint qu'à des adjectifs ou à des adverbes. Ex. : *Non* content de m'avoir désobéi ; *non* moins sage que prudent ; il parle *non* moins éloquemment.

*Ne* se place avant les verbes : Je *ne* veux ni *ne* dois vous écouter.

*Pas* et *point* se joignent à *ne* pour fortifier la négation.

*Ne*, seul, est la plus faible négation ; *ne pas* est une négation moyenne, et *ne point* est la négation la plus forte.

On emploie *ne pas* pour exprimer quelque chose d'accidentel, et *ne point* pour exprimer quelque chose d'absolu. Ex. : Il *ne* travaille *pas*, c'est-à-dire, en ce moment. Il *ne* travaille *point*, c'est-à-dire, il ne fait habituellement rien.

Dans les propositions interrogatives *ne pas* exprime l'affirmation, et *ne point* le doute.

*Ne* le savez-vous *pas?* veut dire : *vous le savez.*

*Ne* le savez-vous *point?* signifie : est-il possible, se peut-il que *vous ne le sachiez pas!*

*Ne* se place avant le verbe, *pas* ou *point* se placent après. Ex. : Vous *ne* m'aimez *pas*. Vous *ne* l'avez *point* connu.

Dans ce dernier exemple, le seul verbe est l'auxiliaire *avoir*.

Si *ne pas* et *ne point* sont suivis d'un infinitif, le plus souvent ils ne se séparent pas. Ex. : Je voudrais *ne pas* l'avoir vu, *ne point* le connaître.

*Pas* et *point* se suppriment presque toujours avec les verbes *cesser, oser, pouvoir, savoir*, et le verbe *bouger*, employé familièrement.

Je *ne* puis me tromper. Il *ne* saurait se taire. Vous *ne* bougerez de place.

*Pas* et *point* se suppriment toujours quand la proposition renferme une expression négative dans la forme ou dans le fond, comme *nul, personne, guère, jamais*, etc.

Ex. : *Nul* n'aura de l'esprit que nous et nos amis. Il ne l'aime *guère*. Je ne le verrai *de ma vie*. N'en parlez à *personne*.

## § 7.

### Emploi ou suppression de *ne*.

Quand les verbes *appréhender, avoir peur, craindre, trembler* sont employés sous la forme affirmative, le second verbe est toujours précédé de la négation *ne*.

Ex. : Vous craignez qu'il *ne* vous voie.

Tremblez qu'il *ne* s'échappe.

Si la proposition renferme un désir, on ajoute *pas*.

Ex. : Je crains qu'il *ne* réussisse *pas*.

Mais si ces verbes sont employés sous la forme négative ou interrogative, on supprime *ne* avant le second verbe.

Ex. : Je *n*'ai pas peur qu'il m'attaque.

Craignez-vous qu'il se présente ?

Quel que soit le premier verbe d'une proposition, si le second verbe est précédé de *autre, autrement, mieux, moins, plus, plutôt, plus tôt que,* on suit la même règle ; c'est-à-dire que la négation se place avant le second verbe si le premier est affirmatif, et qu'elle se supprime s'il est négatif ou interrogatif. Ex. :

Je vous ai *mieux* compris que vous *ne pensez*.

Je *ne* vous ai pas cru *plus* riche que *vous l'êtes*.

Mais après *contester, désespérer, disconvenir, nier,* employés sous la forme négative ou interrogative, le second verbe prend la conjonction *ne*.

Ex. : Je ne disconviens pas qu'il *n'ait* du mérite.

Quand ces verbes sont affirmatifs, ou quand le fait exprimé par le second verbe est incontestable, on peut supprimer la négation.

Ex. : Il est absurde de nier *qu'il y ait* une autre vie ; on ne peut douter *qu'il y a* un Dieu ?

La même règle s'applique aux propositions dont le premier membre est une de ces expressions : *il s'en faut que, il s'en est peu fallu, peu s'en faut, il tient à moi, à toi...* que, etc.

Le second verbe prend la négation si ces expressions sont négatives ou interrogatives, il ne la prend pas si elles sont affirmatives.

Ex.: *Il ne tient* pas à moi que vous *ne* soyez heureux.

*Il s'en faut qu'*il l'égale.

*Il tient à moi* de l'arrêter.

Après *empêcher, éviter, prendre garde* ou *se garder,* le second verbe prend toujours la négation, quelle que soit la forme des précédents.

Ex. : Gardez qu'il *ne* s'enfuie.

Empêchez qu'il *ne* sorte.

Il en est de même après les locutions, *à moins que, de crainte que,* et *que,* employé pour *sans que.*

Ex. : Ne sortez pas de peur *qu'on ne* vous voie.

Je ne puis le voir *qu'il ne* tremble.

Après *avant que, sans que,* on supprime presque toujours la négation :

Avant que les hommes *fussent civilisés.*

Peut-on gagner le ciel *sans qu'il en coûte ?*

Ou la supprime également après le verbe *défendre :*

J'ai défendu que *vous sortiez.*

---

# CHAPITRE XXXI.

### Emploi de la préposition.

## § 1.

La préposition a toujours pour conséquent ou complément, soit un nom, soit un mot équivalent à un nom, c'est-à-dire un pronom ou un infinitif.

Après les expressions *c'est à moi, à vous, à lui,* etc., les prépositions *a, de,* s'emploient indifféremment l'une pour l'autre. On dit également : *c'est à moi de*, ou *c'est à vous à* jouer.

Cependant il est mieux d'employer *à* pour indiquer que c'est au tour de quelqu'un à faire une chose, et *de* pour exprimer que c'est son droit ou son devoir. On dira : *c'est à vous à* parler, *à moi de* vous soutenir.

La préposition *à* ne peut se supprimer que dans cette locution : *jusqu'aujourd'hui*, pour *jusqu'à aujourd'hui*; mais elle fait retrancher l'*e* final de *jusque* : *jusqu'à ce soir, jusqu'à demain*.

### § 2.

La préposition *de* s'emploie pour exprimer une multitude de rapports divers.

Elle se place avant les substantifs et les mots équivalents quand on exprime une comparaison. Ex.: Quels ont été les plus illustres, *des* Grecs ou *des* Romains ?

Dans ce cas la préposition *de* peut se remplacer par la conjonction *ou*. Ex. : Laquelle vaut le mieux, l'agriculture *ou* l'industrie ?

Quand la comparaison est établie entre deux infinitifs, la préposition *de* se place avant le second. Ex. : Il aima mieux *mourir* que *de* se *rendre*.

La préposition *de* se place encore :

Avant les adjectifs verbaux précédés d'un nom de nombre ou d'un nom collectif. Ex. : Dans cette bataille il y eut *mille hommes de tués* et *une foule de blessés*.

Avant les adjectifs précédés du pronom *en*. Ex. : Parmi ces ouvrages il *y en a de bons*, il *y en a de mauvais*.

Mais on ne fait jamais usage de la préposition *de* avant les adjectifs qui sont unis à un substantif. On ne dira pas : dans cette assemblée il n'y a pas *deux hommes de sages;* on dira : *deux hommes sages*.

### § 3.

*Avant de* et *avant que de, à moins de* et *à moins que de* s'emploient également. On peut dire : *avant de partir* et **avant** *que de partir ; à moins de se soumettre* et *à moins que de se soumettre.*

*Avant que* veut le verbe suivant au subjonctif; il n'est plus d'usage devant un infinitif. On dit : *avant que je parte ;* on ne dit plus : *avant que partir.*

*Auprès de, au prix de* expriment également une comparaison ; mais on emploie *auprès de* dans les comparaisons ordinaires, et *au prix de*, quand on attache l'idée d'un prix quelconque aux objets comparés. Ex. :

La terre n'est qu'un point *auprès du* reste de l'univers.

Ce service n'est rien *au prix de* ceux qu'il a reçus de moi.

*Durant, pendant* ont à peu près le même sens : mais *durant* s'emploie mieux pour indiquer la durée d'une certaine période de temps, et *pendant* pour indiquer la durée d'un *fait* transitoire. On dira donc : *durant* toute la vie, et : *pendant* la tempête.

*Entre, parmi.* — *Entre* s'emploie quand on ne parle que de deux objets ou qu'on veut exprimer une idée de réciprocité : Ex. : Il l'a pris *entre ses bras.* Les soupçons *entre amis* se changent en haine.

*Parmi* veut dire *au milieu de*, il s'emploie devant un nom pluriel ou un nom collectif. Ex. : *Parmi les grands : parmi le monde.*

*A travers, au travers.* — *A travers* s'emploie sans préposition, il a le même sens que *parmi, au milieu de.* Ex.: *A travers le monde, à travers les ténèbres.*

*Au travers* doit être suivi de la préposition *de*, il

s'emploie pour exprimer l'idée d'un obstacle à surmonter. On dit : passer *au travers des ennemis, au travers des écueils.*

§ 4.

*Prêt à, près de.* — *Prêt à* signifie *disposé à*, et *près de* veut dire : *sur le point de.* On dit donc : il est *prêt à partir*, pour : il est *préparé à*; et *près de partir*, pour : *sur le point de partir.*

*Près de* exprime de plus une idée de voisinage, de proximité : Je l'ai vu *près de* vous. Il était près du feu.

Cette expression a pour synonyme *auprès de*, qui exprime encore plus *la proximité, l'assiduité.*

On dira donc : Il ne fait pas bon *près de lui;* mais on dit : le flatteur est toujours *auprès* des grands.

Dans *près de* on supprime quelquefois la préposition *de* pour indiquer la proximité d'un lieu. Ex. : Il demeure *près* Paris.

La préposition *de* se supprime quand on parle d'un délégué, d'un envoyé. On dit : ambassadeur *près* la cour de France; commissaire *près* le théâtre Français.

Mais la préposition *de* doit se rétablir quand elle est suivie d'un nom de personne. On doit dire : l'ambassadeur *près du* roi, *du* sultan, *du* président, etc.

*Vis-à-vis, envers, à l'égard de.* — Ces trois expressions, employées pour exprimer le rapport des hommes entre eux, ont à peu près le même sens; cependant *vis-à-vis de* est rarement employé par les bons écrivains; il vaut mieux dire : votre conduite *envers moi, à l'égard de vos amis,* que de dire : *vis-à-vis de moi, de vos amis.*

*Voici, voilà.* — *Voici* s'emploie pour désigner ce que l'on va dire : *Voici* le code de l'égoïste; tout pour lui.

*Voilà* se rapporte à ce qui précède : esprit, grâce, beauté; *voilà* ses avantages.

## § 5.

### Du conséquent de la préposition.

Plusieurs prépositions peuvent n'avoir qu'un seul et même conséquent.

Si ces prépositions expriment un rapport analogue il n'est pas nécessaire de répéter le conséquent après chacune d'elles.

On peut donc dire : je partirai *avec* ou *sans vous.* Mettez ce livre *dessus* ou *dessous la table.*

Mais il faut répéter le conséquent après chacune des prépositions si elles expriment des rapports différents. On ne dira pas : Je l'ai fait *pour et à cause de vous ;* on doit dire : *Pour vous et à cause de vous.*

On ne dit pas non plus : Il s'est placé *parmi et même au-dessus de ces écrivains célèbres ;* il faut dire : *Parmi ces écrivains célèbres et même au-dessus d'eux.*

## § 6.

### Répétition de la préposition.

Quand les prépositions *a, de, en,* ont plusieurs conséquents, elles se répètent presque toujours après chacun d'eux. Ex. : L'homme vertueux est prêt *à* servir son pays, *à* protéger le faible, *à* défendre la justice, *à* remplir tous ses devoirs.

Si la phrase exprime une énumération on peut se contenter de placer la préposition avant le premier terme. Ex. : On divise les peuples de l'Europe *en Français, Anglais, Allemands, Russes,* etc.

Les autres prépositions se répètent ou ne s'emploient qu'une fois, selon le but qu'on se propose. Si on veut donner plus d'expression à la pensée, il est bon de répéter la préposition. Ex. : Il lutte *contre* les hommes, *contre* le sort, *contre* les dieux.

Il en est de même quand on veut exprimer une opposition entre deux termes. Ex. : *Dans* la paix et *dans* la guerre ; *dans* le calme et *dans* la tempête.

De même encore quand on veut faire ressortir les différentes parties d'une énumération. Ex. : *Avec* de bons livres, *avec* des amis sûrs, *avec* une fortune honnête un homme n'est pas malheureux.

On ne répète jamais la préposition quand plusieurs noms se réunissent pour former une seule expression, comme, par exemple, le titre d'un ouvrage. On ne dit pas : la meilleure édition de *Paul et de Virginie*. On dit *de Paul et Virginie*; la fable *du meunier, son fils et l'âne.*

---

# CHAPITRE XXXII.

### De la conjonction.

### § 1.

La conjonction a toujours pour conséquent un verbe exprimé ou sous-entendu.

La conjonction *et* s'emploie pour unir :

1º Les différents sujets d'une proposition. Ex. : Pierre *et* Paul travaillent.

2º Les différents attributs d'un sujet. Ex. : Ils sont sages *et* heureux. Ils parlent *et* n'agissent pas.

3º Les différents objets de la proposition : Ex : Dieu a créé le ciel *et* la terre.

4º Plusieurs propositions dans une même phrase. Ex. : Il travaille beaucoup *et* ne réussit pas.

5º Plusieurs phrases pour faire une période. Ex. : La nuée monte, l'éclair brille, la foudre gronde *et* la terre tremble.

Généralement la conjonction *et* ne se place qu'avant la dernière expression qu'on veut unir aux précédentes.

Ex. : La vanité, l'orgueil *et* l'ambition sont les passions les plus funestes à l'humanité.

Mais quand on veut donner plus d'énergie à la pensée, la conjonction *et* se répète avant tous les mots qu'on veut unir. Ex. : *Et* le riche, *et* le pauvre, *et* le faible, *et* le fort.

Mais on ne doit pas employer *et* :

Quand les mots qui se suivent sont synonymes ou expriment la même idée. Ex. : *Sa vanité, ses prétentions* me fatiguent.

Quand il y a gradation dans les termes qui se suivent. Ex. :

*Femmes, moines, vieillards,* tout était descendu.
L'équipage *suait, soufflait, était rendu.*

Quand deux propositions commencent par *plus, mieux, moins, autant.* Ex. : *Plus* il veut s'élever, *plus* il s'abaisse ; *moins* on a de besoins, *plus* on est heureux.

Quand deux propositions sont en opposition. Ex. : Le *paresseux* perd sa vie, *l'homme laborieux* la dépense.

## § 2.

*Ni.* — La conjonction *ni* remplit, dans les propositions négatives, le rôle de la conjonction *et* dans les propositions affirmatives, elle unit :

Les propositions négatives entre elles pour en faire une phrase. Ex. : Il ne faut pas qu'on vous flatte *ni* qu'on vous décourage.

Les différents membres d'une même proposition : Dieu ne veut *ni* ne peut nous tromper.

Les différents sujets, objets et attributs de la proposition : *Ni vous ni moi* ne le verrons. Il n'est *ni bon ni mauvais.* Il n'a *ni foi ni loi.*

*Ni* s'emploie souvent à la place de *sans, sans que.*

Ex. : Je l'ai fait *sans* le vouloir *ni* le savoir. Il est arrivé *sans que je* l'aie appelé *ni* attendu.

On peut également employer *ni* après les verbes *empêcher, défendre*, quoique placés sous la forme affirmative, parce que ces verbes signifient la même chose que *ne pas permettre*. Ex. :

Je défends qu'on vous punisse *ni* qu'on vous blâme.

J'empêche qu'on le flatte *ni* qu'on le trompe.

## § 3.

*Ou* s'emploie comme *et* pour réunir les différents sujets, attributs, objets, ainsi que les différentes parties d'une proposition ou d'une phrase affirmative. Cette conjonction ne peut être employée dans les propositions négatives.

On dit : *Ou* ton sang *ou* le mien lavera cette injure.

Amenez-le mort *ou* vif.

Vous *ou* moi réussirons.

Mais on ne dit point : Vous *ou* moi ne réussirons pas.

*Ou* peut aussi ne s'employer qu'une fois ou se répéter avant chaque terme pour donner plus d'énergie à l'expression de la pensée.

Ex. : L'un de nous a tort ; *ou* lui, *ou* vous, *ou* moi.

*Ou* s'emploie entre deux noms de nombre quand ces noms sont suivis d'un substantif collectif ; s'ils sont suivis d'un substantif partitif, on remplace *ou* par *a*.

Ex. : *Cinq ou six mille soldats. Cinq à six livres de pain. Deux à trois mètres de drap.*

## § 4.

*Mais* réunit deux propositions pour en faire une phrase. Ex. : Il est bien d'obliger ; *mais* il faut le faire avec discernement.

Le méchant admire la vertu; *mais* il ne la pratique pas.

Quand les deux propositions réunies par *mais* sont la première négative, l'autre affirmative, et qu'elles ont le même *verbe,* on peut le supprimer dans la dernière.

Ex. : Le flambeau de la science ne doit pas éblouir, *mais* éclairer (sous-entendu *il doit*).

Si la première proposition est affirmative et la seconde négative on doit répéter le verbe après *mais*, ou bien faire suivre *mais* de *non*.

Ex.: Il veut qu'on le loue, *mais non* qu'on le blâme, ou bien : *mais il ne veut pas qu'on le blâme.*

§ 5.

*Soit, soit que*, peuvent se répéter ou se remplacer par *ou*. On dira : *Soit* qu'il le sache, *soit* qu'il l'ignore, ou bien : *Soit qu'il le sache ou qu'il l'ignore. Soit folie, soit sottise; soit folie ou sottise.*

*Que* s'emploie à la place de *comme*, de *quand* et de plusieurs autres conjonctions pour en éviter la répétition. Ex. : Comme je vous avais vu et *que* je croyais vous revoir. *Quand* vous parlez et *que* vous vous animez. *Dès qu'on* se lance dans le mal et *qu'on* en contracte l'habitude, etc.

On ne se sert plus des locutions suivantes : *à cause que, devant que, durant que, malgré que.*

Ces mots : *à cause, devant, durant, malgré* sont des prépositions qui doivent toujours être suivies d'un substantif. *Malgré que* n'est en usage que dans l'expression suivante : *malgré qu'il* en ait.

*Parce que* signifie *par la raison, par le motif que.* Ex. : Je vous le défends, *parce que* cela est mal; vous êtes puni, *parce que* vous l'avez mérité.

*Par ce que*, écrit en trois mots distincts, n'est plus une conjonction :

*Par* est une préposition qui régit *ce*, et *que* est un pronom relatif qui se rapporte à *ce*. Ex. : *Par ce que* vous faites, je vois *ce que* vous ferez.

*Puisque* précède et indique une conséquence tirée d'un principe ; il peut se traduire par *attendu que*. Ex. : Je le crois, *puisque* vous le dites.

## § 6.

*Quand* et *quant* ont chacun un sens différent et n'appartiennent pas à la même espèce de mots.

*Quand* est une conjonction qui signifie *lorsque*, ou *en quel temps* : elle a toujours pour conséquent un verbe. Ex. : *Quand* partirez-vous ? *Quand* vous partirez faites-le moi dire.

*Quant* est une préposition toujours suivie de *à* et d'un nom ou pronom qui en est le conséquent.

Ex. : *Quant à* cette affaire je m'en inquiète peu.

*Quant à* vous, *quant à* moi cela nous est égal.

*Quoique*, d'un seul mot, est une conjonction qui a le sens de *bien que*. Ex. : *Quoiqu'il* m'ait trompé, c'est-à-dire, *bien qu'il* m'ait trompé, je lui pardonne.

*Quoi que*, en deux mots, a le sens de *quelle que chose que*. Ex. : *Quoi qu'il* fasse, *quoi qu'il* dise on se défie de lui.

---

# CHAPITRE XXXIII.

### Emploi de l'exclamation ou interjection.

Les interjections les plus en usage son *ah ! ha ! ô ! oh ! ho ! eh ! hé !*

On emploie souvent les exclamations *ah*, *oh*, *eh*

l'une pour l'autre : cependant leur signification change selon la manière dont elles sont écrites.

*O* sert à invoquer, à appeler : *ô mon Dieu, ô mes enfants !*

Quand on veut exprimer une émotion profonde de douleur, de joie ou d'admiration, les exclamations *ah, ô, oh*, commencent par la voyelle. Ex.: *ah ! quel malheur !*

Tandis qu'elles commencent par l'*h* si on veut exprimer la surprise, l'étonnement, l'effroi ou appeler l'attention, *ha, ho*. Ex. : *Ho ! pour le coup j'ai tort.*

Il en est de même pour l'interjection *eh ! hé !*

*Eh* sert à exprimer la douleur dans les phrases interrogatives. Ex. : *Eh !* qui pourrait retenir ses larmes ?

*Hé*, s'emploie pour attirer l'attention. Ex. : *Eh !* monsieur, que faites-vous là ?

Quand ces exclamations commencent par la voyelle leur prononciation est plus lente et s'unit à la prononciation des mots suivants. Au contraire leur prononciation est plus brève, elle est suivie d'une pause, quand elles commencent par la consonne *h*.

# CHAPITRE XXXIV.

## Des mots qui ont différentes acceptions.

### § 1.

*Aider quelqu'un*, c'est fournir à ses besoins : *aider le pauvre.*

*Aider à quelqu'un*, c'est prendre part à son travail, à sa peine : Il m'a *aidé* à faire mon devoir.

*Aller* peut se remplacer par *être*, mais seulement dans les temps composés. On dit : *j'ai été, j'avais été*, pour : je *suis allé*, *j'étais allé*.

Mais on ne dit pas : *je fus, nous fûmes,* pour j'*allai, nous allâmes.*

On ne peut non plus remplacer *aller* par *être,* lorsqu'il y a dans la phrase un mot qui indique le mouvement. Il ne faut donc pas dire : *j'ai été* à la ville en *diligence,* en *poste,* à *cheval;* on dira : *je suis allé.*

Dans les temps composés de l'expression *s'en aller,* il faut que le pronom *en* soit placé immédiatement après le sujet du verbe. On ne dira pas : *Vous vous êtes en allés, Paul s'est en allé,* mais : *Vous vous en êtes allé, Paul s'en est allé.*

*Applaudir* signifiant *approuver* veut un objet direct sans préposition : *applaudir quelqu'un, un orateur.*

*Applaudir* signifiant *féliciter* veut un objet indirect avec la préposition *à :* chacun *applaudit à ses succès.*

*Assurer* veut un objet direct s'il signifie *rendre quelqu'un certain d'une chose.* Ex. : *assurez-le de mes sympathies.* Il veut un complément indirect s'il signifie *donner une chose pour sûre : je leur assurai que le fait était vrai.*

*Atteindre* doit être généralement suivi d'un objet direct : *atteindre son but, son ennemi.*

Il veut un object indirect avec la préposition *à* s'il exprime l'idée de *parvenir* ou celle *d'une difficulté à vaincre.* Ex. : Il ne put *atteindre à la royauté, au pouvoir. Nous atteignîmes à l'autre bord.*

### § 3.

*Avoir l'air.* — L'adjectif qui suit s'accorde avec *air* si le sens permet de l'y rapporter : vous avez l'air *gai, enjoué.*

Dans le cas contraire il s'accorde avec le nom précédent. On dira donc : *ces gens ont l'air affairés, ces fruits ont l'air bons, tendres.*

*Avoir affaire*. On dit : *avoir affaire à quelqu'un*, si on parle d'un supérieur.

*Avoir affaire avec quelqu'un*, si on parle de rapports habituels.

Et *avoir affaire de quelqu'un*, si on veut exprimer le besoin qu'on en a.

### § 4.

*Comparer à* suppose de l'analogie entre les objets comparés : Ex. : *Comparons* les œuvres d'Homère *à* celles de Virgile.

*Comparer avec* indique une certaine opposition entre les objets comparés. *On ne peut comparer le bien avec le mal.*

*Croire quelqu'un*, c'est croire à ce qu'il dit : *Je vous crois. Croire quelque chose*, c'est la tenir pour vraie : *je crois cela.*

*Croire à quelqu'un*, c'est croire à son existence : *je crois à Dieu.*

*Croire à quelque chose*, c'est y ajouter foi : *il croit à tout.*

### § 5.

*Digne*, dans une proposition affirmative, peut avoir pour objet les choses bonnes et les mauvaises : il est *digne de louange*, de *blâme*.

*Indigne*, n'a pour objet que des choses bonnes : *indigne de louange, d'amitié*.

Il en est de même de *digne* dans une proposition négative. On dit : *il n'est pas digne d'estime*, mais on ne dit point : *il n'est pas digne de mépris*.

*Distinguer d'avec*, s'emploie pour séparer deux objets très-différents : *Distinguons l'homme de bien d'avec le méchant*.

*Distinguer de*, s'emploie pour séparer deux choses

qu'on pourrait facilement confondre : *on distingue l'a-
mitié de l'amour.*

*Emprunter* veut la préposition *de* si le complément
est un nom de chose : *il emprunte son lustre de ses
fonctions.*

Si le complément est un nom de personne, on peut
employer indifféremment *à* ou *de* et dire : *il emprunte
à ses amis, ou il emprunte de ses amis.*

## § 6.

*Faire*, suivi d'un infinitif, comme *faire faire, faire
travailler, faire écrire,* etc., est toujours précédé d'un
nom ou pronom qui est son objet.

L'objet du verbe *faire* et celui de l'infinitif suivant,
ne sont jamais de la même espèce.

Si l'objet de l'infinitif est direct, celui de *faire* est
indirect. Ex. : Je *leur fais* apprendre *leurs leçons.*

Tandis que l'objet de l'infinitif est indirect si celui
de *faire* est direct. Ex. : Je *les fais* travailler *à leur
devoir.*

*Ne faire que* exprime :

Tantôt une action fréquente : *il ne fait que s'amuser.*

Tantôt une action rapidement accomplie : *il ne fait
qu'aller et revenir.*

*Ne faire que de* exprime une action qui vient de
s'accomplir : *je ne fais que d'arriver.*

## § 7.

*Fixer* signifie *rendre stable.* On dit : *fixer quelqu'un* dans un lieu, dans son devoir.

Plusieurs écrivains l'emploient aussi à la place
de *regarder fixement : Il m'a fixé ; fixer le soleil :*
mais cette locution est vicieuse.

*Hériter* veut la préposition *de* s'il n'est suivi que

d'un seul objet : *il hérite de son ami; il a hérité de ses parents.*

Si *hériter* a deux objets, le premier est direct, le second seul prend la préposition : *vous avez hérité la vertu de votre frère.*

*Imaginer* veut dire *inventer :* Il a *imaginé* une plaisanterie.

S'*imaginer* veut dire *penser, croire :* Il s'*imagine* qu'il a toutes les vertus.

*Imposer,* signifie *commander le respect, inspirer l'admiration.* Ex. : Son nom seul *impose* au peuple.

*En imposer,* signifie *tromper :* Ex. : Ses paroles flatteuses *en imposent* à l'auditoire. La vertu *impose,* l'hypocrisie *en impose.*

*Insulter quelqu'un,* c'est l'outrager : *hier vous les avez insultés.*

*Insulter à quelqu'un,* c'est manquer aux égards qu'on lui doit : *N'insultons pas aux malheureux.*

On dit aussi, en style figuré : *insulter à la raison, au bon sens, à la mémoire d'un homme.*

## § 8.

*Joindre,* signifiant *ajouter,* veut la préposition *à* : *joignez vos prières aux miennes.*

Dans le sens d'*unir, joindre* peut aussi prendre la préposition *avec :*

*Elle joint la grâce à la vertu,* ou *avec la vertu.*

On peut même alors supprimer toute préposition, et dire : *elle joint la grâce et la vertu.*

*Mêler,* quand il siginfie *confondre ensemble des choses matérielles,* veut la préposition *avec : mêler de l'eau avec du vin, du blé avec de l'orge.*

Quand *mêler* signifie *le mélange de choses morales,* il

veut la préposition *à* : *Vous mêlez habilement la sévé-rité à la douceur, la fermeté à la bienveillance, les af-faires aux plaisirs.*

*Observer*, signifie *examiner, remarquer.*

*Faire observer*, c'est *faire examiner.*

On ne doit donc pas dire : je *vous observe* que : il *nous observe* qu'on l'a trompé ; mais : je *vous fais ob-server* ; il *nous fait observer.*

### § 9.

*Partager*, quand il signifie *entrer* ou *faire entrer en partage d'une chose*, veut la préposition *avec.*

Ex. : César ne voulut point *partager l'empire avec* Pompée.

Dans le sens de distribuer quelque chose en parties, ce verbe veut la préposition *entre.*

Ex. Il partagea ses biens *entre tous ses enfants, entre tous ses amis.*

*Participer à*, c'est *prendre part à quelque chose* :
Ex. : Il *participe au pouvoir.*

*Participer de*, c'est tenir de la nature d'une chose :
Ex. L'homme *participe de l'animal et de l'ange.*

*Pire, pis.*—*Pire* signifie *plus mauvais, plus méchant* ; c'est un adjectif toujours joint à un nom ou pronom précédent. Ex. : Son état est *pire* que le vôtre ; la ca-lomnie est *pire* que la médisance ; l'hypocrisie est le *pire* des vices.

*Pis*, signifie *plus mal* ; c'est un adverbe, toujours joint à un verbe ou à un adjectif. Ex. : Il fait *pis* que jamais.

Quelquefois ce mot est pris substantivement : tout va de mal en *pis* ; le *pis* qui puisse arriver.

### § 10.

*Se plaindre que* ou *de ce que*, veut le verbe suivant

10*

à l'indicatif si la plainte est fondée : *il se plaint, avec raison, de ce qu'on le calomnie.*

Mais le verbe suivant se met au subjonctif s'il y a quelque doute qu'on ait à se plaindre : *peut-être se plaint-il à tort qu'on l'ait calomnié.*

*Plaire. — Ce qui plaît* signifie *ce qui est agréable.* Ex. : *ce qui plaît en lui,* c'est la modestie.

*Ce qu'il plaît* signifie *ce qu'on veut : je fais ce qu'il vous plaît,* sous-entendu *que je fasse.* Le pronom *que* remplace alors le membre de phrase sous-entendu.

*Raillerie. — Entendre raillerie,* c'est savoir supporter qu'on nous raille.

*Entendre la raillerie,* c'est savoir railler finement, avec esprit.

*Se rappeler,* signifiant *se souvenir,* veut toujours un objet direct : on se rappelle *quelque chose, quelqu'un;* on ne se rappelle pas *de quelque chose.*

Cependant, lorsque *se rappeler* est suivi d'un infinitif, on peut employer la préposition *de,* et dire également : *je me rappelle l'avoir vu,* ou *de l'avoir vu.*

### § 11.

*Avoir rapport.*—Cette expression veut la préposition *à* s'il s'agit d'un rapport entre des choses subordonnées. On dit : le rapport de la conséquence *au* principe; l'effet a rapport *à* sa cause.

Mais il faut la préposition *avec* s'il s'agit du rapport entre des choses semblables ou analogues. Ex. : Votre vie a un grand rapport *avec* la mienne.

*Rien* signifie tantôt *quelque chose,* tantôt *aucune chose.*
Dans le premier cas on l'emploie sans négation : *qui vous en a rien dit ?*

Dans le second il veut la négation : *vous n'avez rien fait, vous ne pouvez rien.*

*Servir à rien* et *servir de rien.*— On dit : *cela ne sert à rien* en parlant d'une chose qui, dans le moment où l'on parle, ne peut pas servir, et : *cela ne sert de rien* en parlant d'une chose qui naturellement ne peut être d'aucun usage.

### § 12.

*Succomber sous* signifie *être accablé : il succombe sous le poids du malheur.*

*Succomber à* signifie *se laisser aller : il succombe à la tentation.*

Cependant on peut également dire *succomber à* dans le sens *d'être accablé : Il succombe à la peine.*

*Suppléer une chose,* c'est y ajouter ce qui lui manque : *vous avez suppléé ce qui manquait à la somme.*

*Suppléer une personne,* c'est la remplacer dans ses fonctions : *un soldat ne peut suppléer son général.*

*Suppléer à quelque chose,* c'est en fournir l'équivalent. L'adresse et la patience *suppléent à la force.*

*Témoin* est un substantif qui joue souvent le rôle d'un adjectif, mais qui n'a pas de féminin. Ex. :

Vous l'avez fait sans *témoin.*

Elles sont toutes *témoins.*

Placé au commencement d'une phrase ou précédé de la préposition *à,* ce mot est pris comme adverbe et reste invariable. Ex. : *Témoin* les grandes choses qu'il a faites. Je vous prends tous à *témoin.*

### § 13.

*Tous deux, tous trois, tous quatre,* etc. signifient *ensemble, en même temps.* Ex. : Ils sont venus *tous deux, tous trois.*

*Tous les deux* exprime une idée de pluralité : Ils sont morts *tous les deux.* Ils sont partis *tous les trois.*

*Tomber par terre* se dit des objets qui déjà touchaient à la terre : Cet homme, cet arbre, ce mur sont *tombés par terre.*

*Tomber à terre* se dit des objets qui ne touchaient pas à la terre : *Un fruit, un cavalier, la foudre tombent à terre,* et non *par terre.*

*Un de, l'un de.* — Ces deux expressions s'emploient indifféremment l'une pour l'autre ; cependant il vaut mieux placer *un de* au commencement de la phrase, et *l'un de* à la fin. Ex.: *Un de* ces hommes m'a servi ; j'ai reçu des services de *l'un d'eux.*

*Voir goutte.* — Quand cette expression ne se rapporte à aucun antécédent on doit l'employer sans l'*y.*

Il faut dire : *Je ne vois goutte,* et non : *je n'y vois goutte ;* s'il y a un antécédent on ajoute *y* : Ce livre est obscur, *je n'y vois goutte.*

---

# CHAPITRE XXXV.

### Emploi des termes synonymes.

### § 1.

*An, années.* — *An* s'emploie pour exprimer la durée avec des noms de nombre : *deux ans, dix ans, mille ans.*

*Année* s'emploie de préférence avec des adjectifs : *une année heureuse, une bonne année ;* on dit cependant : *bon an, mal an.*

*Anoblir* signifie donner des titres de noblesse à quelqu'un : *le roi l'a anobli.*

*Ennoblir* signifie *donner de l'éclat, du lustre* à une personne ou à une chose :

La vertu l'a plus *ennobli* que la gloire.

Les sciences *ennoblissent* sa retraite.

*Capable* et *susceptible*.—*Capable* indique la force de faire, la *contenance* pour. Ex. :

Cet homme est *capable* de tout.

Ce vase est *capable* de tenir dix litres.

On dit aussi *capable* dans le sens d'*intelligent*, d'*habile* : Ce jeune homme est *très-capable*.

*Susceptible de* veut dire qui peut recevoir certaines modifications : *Il est susceptible de bien et de mal*.

*Susceptible*, sans la préposition *de*, signifie qui *s'offense aisément : Vous êtes bien susceptible*.

## § 2.

*Colère* ne se dit que des personnes, et signifie *sujet à la colère* : un homme *colère*, une femme *colère*.

*Colérique* se dit des personnes portées à la colère et des choses qui y portent : vous êtes *colérique*; votre frère est d'une humeur *colérique*.

*Colorer* veut dire *donner de la couleur*, dans le sens propre ou figuré : La lumière *colore les objets. Colorer une faute*.

*Colorier* ne s'emploie qu'en terme d'art. On dit : *Colorier un dessin*.

*Consommer* signifie *achever, accomplir, détruire par l'usage* : j'ai *consommé* mon sacrifice. Je *consomme* beaucoup de bois.

*Consumer* signifie *réduire à rien, anéantir* ou *dissiper follement* : le feu *consume* le bois. La maladie *consume* le malade. Vous *consumez votre bien en folles dépenses*.

*Deuxième et second*. — *Deuxième* exprime plutôt

l'idée de nombre et *second* l'idée de rang ou d'ordre.

Ex. : Je suis le *deuxième* sur la liste. Il doit sortir le *second*.

César aimait mieux être le *premier* dans un village que le *second* à Rome.

Cette comédie est un ouvrage de *second* ordre.

### § 3.

*Egaler, égaliser.* — *Egaler*, rendre égal, ne se dit que des personnes : la mort *égale* tous les hommes.

*Egaliser* ne se dit que des choses et rarement dans un autre sens que celui de rendre *uni* : *égaliser un terrain, un chemin.*

On confond souvent *éminent* et *imminent*, employés pour caractériser *le danger, la ruine.*

*Eminent* veut dire ici *très-grand*, et *imminent, qui menace, qui est sur le point d'arriver.*

*Ennuyant* se dit d'une personne ou d'une chose *qui ennuie* dans un moment donné.

*Ennuyeux* se dit d'une personne ou d'une chose qui ennuie naturellement ou habituellement : *Il est aujourd'hui ennuyant. C'est un homme ennuyeux.*

On dit généralement *envier* quelque chose et *porter envie à quelqu'un : J'envie* sa sécurité ; mais je *ne lui porte pas envie.*

### § 4.

*Flairer, fleurer.* — *Flairer* exprime l'action de sentir par l'odorat, *fleurer* signifie exhaler une odeur. Ex. : *ne flairez* pas cette plante, elle *ne fleure* pas bon.

*Infecter* signifie *répandre* une mauvaise odeur, ou *corrompre* : cette chambre *infecte*. Tous les vices ont *infecté* cette ville.

*Infester* signifie *ravager*, *désoler* un pays. Ex. :
Les Barbares *infestèrent* l'Europe. Les Corsaires *in-festent* ce rivage.

*Matinal* se dit de quelqu'un qui, par accident, s'est levé matin : vous êtes *matinal* aujourd'hui.

*Matineux* caractérise l'homme qui a l'habitude de se lever matin : c'est un ouvrier *matineux*.

*Matinier* ne s'emploie que dans cette expression : *l'étoile matinière*.

*Plier*, *ployer*. — On se sert de *plier* pour les choses faciles *à plier* : *plier* une serviette, *plier* une robe,

Et de *ployer* pour les choses difficiles, qui opposent de la résistance : *Ployer* une branche, une canne.

Dans le style figuré *ployer* est plus noble que *plier*.

*Réunir* et *Unir*. — *Réunir* ne veut que des objets directs : Il *réunit le talent et la vertu, la fortune et les honneurs*.

*Unir* veut un objet indirect après son objet direct : Vous *unissez la vertu au talent, la fortune aux honneurs*.

*Vénéneux* ne se dit que *des plantes*, ou, dans le style figuré, d'une *théorie*, d'une *doctrine* : la cigüe est une plante *vénéneuse*. Cette doctrine est *vénéneuse*.

*Venimeux* ne se dit que des *reptiles* qui ont du venin ou des objets infectés de leur venin.

La vipère est *venimeuse*. Il y a des plantes qui deviennent *venimeuses* par leur contact avec certains reptiles.

---

# CHAPITRE XXXVI.

**De l'ordre ou arrangement des mots.**

Le discours a pour objet de rendre la pensée clairement et fidèlement.

Les deux premières conditions de l'arrangement des mots dans le discours sont donc *la fidélité* et *la clarté*.

A ces conditions fondamentales il faut ajouter :

*La précision* et *la rapidité*, qui font retrancher du discours les mots inutiles, les constructions lourdes et embarrassées.

*L'élégance* et *l'harmonie* qui bannissent du discours les expressions triviales, les sons trop rudes, la fréquente répétition des mêmes consonnances.

Ces conditions une fois remplies, l'arrangement des mots ne dépend plus que du génie particulier de chaque langue, du genre de discours, et du but que se propose celui qui parle.

La disposition des mots dans le discours se fait de deux manières :

1° Selon l'ordre analytique ou direct.

2° Selon l'ordre composé ou inverse.

# CHAPITRE XXXVII.

## De l'ordre analytique.

### § 1.

L'ordre analytique consiste à disposer les éléments du discours comme le sont dans l'esprit les idées qu'ils représentent; c'est-à-dire, dans l'ordre de leur dépendance.

Les éléments du discours sont ceux de la proposition : *le sujet, l'attribut, l'objet.*

L'objet dépend de l'attribut et l'attribut du sujet; l'arrangement analytique exige donc que le sujet soit placé le premier, l'attribut après le sujet, et l'objet après l'attribut. Ex. : *Dieu existe, Dieu a créé le monde.*

Si l'attribut se compose de deux mots, d'un adjectif et d'un verbe, comme le verbe lie l'adjectif au sujet, le verbe doit être placé entre les deux mots qu'il unit. Ex. : *Dieu est juste.*

### § 2.

Mais chacun des éléments de la proposition peut être composé, c'est-à-dire, *complexe* ou *multiple.*

L'élément complexe est unique, quoique composé de plusieurs mots.

L'élément multiple comprend plusieurs éléments de la même espèce, c'est-à-dire plusieurs sujets, plusieurs attributs, plusieurs objets.

Tous les termes qui composent un élément complexe doivent être mis ensemble, à la suite les uns des autres : il ne faut exprimer l'attribut qu'après avoir placé les différents mots que le sujet comprend ; il ne faut exprimer l'objet que quand tous les mots de l'attribut sont placés.

Dans cet exemple : *Dieu dont la puissance est infinie, qui a créé l'homme et qui lui réserve des destinées immortelles,* a le droit *d'exiger rigoureusement* l'observation *des lois qu'il a prescrites dans sa sagesse et dans sa justice,*

Tous les termes qui précèdent : *a le droit,* font partie du sujet complexe et doivent être placés ensemble avant ceux qui composent l'attribut : *a le droit d'exiger rigoureusement ;* comme ceux-ci doivent précéder les mots qui composent l'objet : *l'observation des lois qu'il a prescrites dans sa sagesse et dans sa justice.*

La même règle s'applique aux éléments multiples.

Tous les noms d'un sujet multiple doivent être réunis. Ex. :

*Le ciel et la terre, l'homme, les animaux et les plantes* sont les créatures de Dieu.

11

Il en est de même des mots qui composent l'attribut multiple :

Dieu *crée*, *conserve* et *gouverne* les êtres.

De même encore de ceux qui composent l'objet :

Dieu a créé *le ciel et la terre*, *les animaux et les hommes*.

§. 3.

Chacun des éléments du discours peut être *déterminé* ou *modifié*.

Les déterminatifs des substantifs, c'est-à-dire les *articles*, les *démonstratifs* et *possessifs*, les *noms de nombre ordinaux* ou *partitifs*, se placent avant les substantifs. On dit : *les hommes*, *ces hommes*, *vos hommes*, *cent hommes*, etc.

Le déterminatif des adjectifs et des verbes, c'est-à-dire *l'adverbe*, se place généralement avant les adjectifs. On dit : Dieu est *très*-bon, *infiniment* sage, *tout*-puissant, *souverainement* parfait.

L'adverbe se place tantôt avant, tantôt après les verbes, mais plus généralement après. Ex. : Il aime *tendrement ;* vous parlez *éloquemment ;* nous attendons *patiemment*.

Les adjectifs qui modifient les substantifs sans l'intermédiaire d'un verbe, comme dans ces ex. : homme *juste*, soldat *courageux*, se placent généralement avant les substantifs s'ils sont composés d'un plus petit nombre de syllabes, et si on ne veut pas y attirer l'attention. Ex. : De *riches* campagnes ; de *beaux* domaines ; de *grands* avantages.

Mais ils se placent généralement après s'ils ont plus de syllabes ou si on veut faire ressortir la qualité qu'ils expriment :

Un homme *riche*, des campagnes *fertiles*, le drapeau *rouge*.

Ils se placent toujours après s'ils sont *adjectifs verbaux*. On dira : Des soldats *blessés*, des plaies *saignantes*, des champs *ravagés*.

### § 4.

Quand les rapports des mots sont exprimés par des *prépositions*, celles-ci doivent précéder le mot sur lequel elles portent, comme dans cet ex. : Le livre *de* la loi fut donné *par* Dieu *à* Moïse *sur* le mont Sinaï.

Quand les rapports sont exprimés par des conjonctions, les verbes et les propositions subordonnés à la conjonction doivent être placés à la suite de cette conjonction. Ex. :

Je veux *que* cet ouvrage se fasse, *lorsque* vous serez arrivé ; *car* il est pressant.

Enfin quand des propositions sont enchaînées les unes aux autres pour faire une phrase ou une période, la proposition principale doit être placée la première, et les autres à la suite, selon leur dépendance. Ex. :

Dieu a voulu *que* l'homme travaillât et *qu'*il gagnât sa vie à la sueur de son front ; *mais* il ne l'a pas déshérité du ciel, *puisqu'*il lui a envoyé un rédempteur.

Les phrases incidentes se placent dans la principale, après le sujet ou après l'attribut de la proposition :

Dieu, *dit la Bible*, créa le monde en six jours.

Il faut, *retenez bien ceci*, faire passer le devoir avant tout.

### § 5.

Telles sont les règles de l'ordre ou arrangement simple.

Cet ordre est généralement employé dans les langues qui n'ont pas de cas ; c'est l'ordre naturel de la langue française, il lui est prescrit par la clarté et l'exactitude.

Un ordre composé, qui intervertirait la place des différents éléments du discours, mettant le sujet à la fin, l'objet au commencement de la proposition, et l'attribut soit au commencement soit à la fin, confondrait tous ces éléments et ne permettrait pas de les reconnaître. Le discours ne serait pas possible.

# CHAPITRE XXXVIII.

### Ordre composé ou inverse.

### § 1.

Dans les langues qui ont des cas, comme le Grec, le Latin, l'ordre inverse peut être employé sans danger pour la clarté du discours. Les cas, c'est-à-dire les différentes terminaisons que prennent les noms, permettent toujours de distinguer le rôle qu'ils jouent dans la phrase, quelle que soit la place qu'ils y occupent.

La langue française n'ayant pas de cas, excepté pour le nom personnel, n'admet pas aussi facilement les inversions : cependant elle ne les repousse pas d'une manière absolue, souvent même elle les exige.

Les inversions peuvent et doivent être employées :

Toutes les fois que l'ordre analytique rendrait la pensée avec moins de précision et de clarté.

Lorsque la rapidité, l'harmonie et l'élégance du discours les réclament.

Les inversions portent,

1° Sur chacun des trois éléments de la proposition : le sujet, l'attribut et l'objet.

2° Sur les mots qui composent chacun de ces éléments, lorsqu'ils sont complexes.

3° Sur les différents membres d'une proposition ou d'une phrase.

§ 2.

### Inversion du sujet et de l'attribut.

Le sujet se place après le verbe :

Dans les propositions interrogatives. Ex. : Où vais-*je* ? Que dites-*vous* ?

Dans les propositions optatives. Ex. : Puissent-*ils* réussir ! Fasse *le ciel* qu'ils reviennent !

Dans les propositions hypothétiques. Ex. : Obéissez, fussiez-*vous* certain de périr.

Dans les propositions dubitatives. Ex. : Peut-être a-t-*il* eu tort.

Dans les propositions incidentes sous cette forme : Il part, dites-*vous*; Il reviendra, dit-*il*, bientôt.

Quand les propositions commencent par *tel*, le sujet se place après l'adjectif et le verbe : *tel est* mon senti-ment, *telles sont* vos raisons.

Il en est de même dans d'autres propositions, comme : *Grand a été* son désappointement; *terribles étaient* ses coups.

§ 3.

### Inversion de l'objet et du verbe.

Quand l'objet du verbe est un nom personnel, il se place avant le verbe, comme dans ces ex. : Je *me* re-tire; vous *vous* avancez; il *se* hâte; nous *nous* enten-dons; ils *se* nuisent.

Si les deux objets du verbe sont des noms person-nels, ils se placent également tous deux avant lui. Ex. : *Nous vous* le donnons; *vous nous* le renvoyez; ne *le lui* refusez pas; je veux *vous y* mener.

Quand la proposition renferme deux verbes, il faut placer l'objet immédiatement avant le verbe dont il dépend.

On ne dira pas : Nous *nous* devons conduire sagement ; il ne *vous* veut point faire de mal ; mais on dira : Nous devons *nous* conduire sagement ; il ne veut pas *vous* faire de mal ; parce que *nous* est le régime de *conduire*, et *vous* celui de *faire*.

Les noms personnels, objets du verbe, ne se placent après lui que dans les phrases impératives. Ex. : Ecoutez-*moi*, répondez-*moi*, conduisez-*vous* bien. Voilà de beaux fruits, donnez-*m'en*, donnez-*lui-en*, donnez-*nous-en*.

Dans les locutions analogues à celles-ci : *Chemin faisant, tambour battant*, l'objet direct précède le verbe et commence la phrase.

Si le régime du verbe est le pronom relatif *que*, il se place également avant le verbe. Ex. : Les paroles *que* vous m'avez dites ; le chemin *que* vous faites ; les vertus *que* vous montrez.

Quelquefois, surtout en poésie, l'objet indirect des verbes se place avant eux, tandis que l'objet direct se place après :

Le prince *à ses sujets* étalait sa puissance.

*Pour un rien* vous perdez courage.

*Aux charmes de la beauté* elle joignait une rare modestie.

D'autres fois les deux objets se mettent après le verbe, bien que l'objet indirect précède l'objet direct. Ex. : Vous joignez *aux charmes de la beauté une rare modestie*.

L'hypocrite sait parer *des dehors* de *la vertu* les vices les plus honteux.

Mais il faut, dans ces inversions, éviter avec le plus grand soin, les constructions obscures, équivoques ou ridicules.

Sans cette précaution, au lieu de ces phrases : *J'ai acheté, pour les enfants, des bonbons qui sont dans ma poche ; j'envoie, à vos amis, les livres que vous avez demandés.* On dirait : *J'envoie les livres, à vos amis, que vous avez demandés ; j'ai acheté des bonbons, pour les enfants, qui sont dans ma poche.*

### § 4.

L'inversion se fait encore sur les *antécédents* de la *préposition* et de la *conjonction*.

Toute préposition, toute conjonction doit être suivie de son *conséquent*, c'est-à-dire des mots sur lesquels elle porte. Les *conséquents* des prépositions et des conjonctions ne peuvent être placés avant elles.

Mais leurs antécédents peuvent être placés après leurs conséquents. Ex. :

*Du Très-Haut* la puissance infinie.
*Sans patience* on ne fait rien.
*Tandis qu'*ils passaient vous regardiez.
*Pour qu'*ils arrivent il faut du temps.

### § 5.

L'arrangement des mots dépend aussi du but que se propose celui qui parle, du genre de discours qu'il tient.

Cet arrangement diffère selon qu'on se propose de flatter l'oreille par l'harmonie des sons, le goût par l'élégance et la variété des tournures, ou qu'on veut attirer l'attention sur une idée particulière.

La construction du discours n'est pas la même en poésie qu'en prose.

La poésie a, dans chaque langue, des règles spéciales pour la mesure, la cadence et l'harmonie. Elle admet plus facilement l'inversion.

Ces vers de Boileau :

> C'est en vain qu'au Parnasse un téméraire auteur
> Pense de l'art des vers atteindre la hauteur

se traduiraient en prose sans inversion : *C'est en vain qu'un auteur téméraire pense atteindre, au Parnasse, la hauteur de l'art des vers.*

La construction poétique est bien plus rapide, plus élégante, et n'en est pas moins claire.

La prose des discours d'apparat ne se compose pas non plus de la même manière que celle de la conversation. D'une part, il y a plus de préparation, de pompe ; de l'autre, il y a plus de simplicité, moins d'art.

---

# CHAPITRE XXXIX.

### Des figures de syntaxe.

Les figures de syntaxe sont certaines formes de langage qui s'écartent des règles ordinaires, mais qui donnent au discours plus de clarté, plus de rapidité, plus de force et d'harmonie.

Les principales sont : *L'ellipse, le pléonasme, la répétition, l'euphonie.*

### § 1.

### De l'ellipse.

*Ellipse* veut dire *omission*. Par cette figure on supprime, dans une proposition, tous les mots, tous les membres de phrase qui ne sont pas nécessaires à la clarté ou à l'élégance.

*Ellipse du substantif.* Il y a *ellipse du substantif* quand des adjectifs ou des pronoms en tiennent la place. Ex. :

*Le riche et le pauvre,* pour : *l'homme riche et l'homme pauvre.*

*Le sage*, pour : *l'homme sage*.

*Tel brille* au second rang qui s'éclipse au premier, au lieu de : *tel homme brille*.

*Qui* vous a parlé ? pour : *quel homme ?*

*Ellipse de l'adjectif*. Ex. : Les plus hautes montagnes *sont en Asie*, sous-entendu *situées*.

Il avait la tristesse *sur le visage*, sous-entendu *peinte*.

Voilà un homme *d'un rare talent*, sous-entendu *doué*.

*Ellipse de l'article*. Ex. : *Officiers et soldats*, tous ont rivalisé de courage, sous-entendu *les : les officiers, les soldats*.

*Contentement* passe richesse, pour : *le contentement* passe *la richesse*.

*Ellipse de l'antécédent d'une préposition*. Ex. : *Des* hommes m'ont dit, pour : *quelques-uns des* hommes.

*De* grands malheurs nous menacent, pour : *une multitude de*.

Donnez-moi *du* pain et *de* l'eau, pour : *une portion* de pain et d'eau.

*Ellipse de la préposition*. Ex. : Il a vendu sa maison *un bon prix*, sous-entendu *pour : pour un bon prix*.

Les oiseaux de nuit se cachent *le jour*, sous-entendu *pendant*.

*Ellipse du conséquent de la préposition*. Ex. : Parti avant vous, il n'arrive qu'*après*, sous-entendu *vous*.

Il m'a parlé il y a huit jours, je ne l'ai pas revu *depuis*, sous-entendu *ce temps*.

*Ellipse des locutions adverbiales et conjonctives*. Ex. :

*Il y a deux ans que* je ne l'ai vu, sous-entendu *depuis le temps.*

*Il ne fera rien qu'il* ne vous ait consulté, sous-entendu *à moins.*

*Ellipse du sujet de la proposition.* Quand le sujet d'une proposition est le même pour plusieurs verbes, souvent il suffit de l'exprimer devant le premier; on peut le supprimer devant les autres. Ex. : *Dieu* crée, conserve et gouverne les êtres, au lieu de dire : *Dieu* crée les êtres, *il* les conserve, *il* les gouverne.

*Ellipse du verbe dans une proposition.* Quand une proposition ou une phrase se compose de plusieurs membres, dont chacun doit avoir le même verbe, on emploie ce verbe dans le premier membre et on le supprime souvent dans le second. Ex. :

Nous nous pardonnons tout et *rien aux autres,* pour : *nous ne pardonnons* rien aux autres.

Le temps *comme un torrent s'écoule,* au lieu de dire : le temps *s'écoule* comme un torrent *s'écoule.*

Quelquefois même on sous-entend un verbe qui n'a pas encore été exprimé. Ex. : Ainsi parla le prince, et *chacun d'exprimer* son admiration, sous-entendu *se hâta.*

Ces expressions : *Adieu, bonjour, bonsoir, au revoir,* sont pour : *Je vous recommande à Dieu ; je vous souhaite un bon jour, un bon soir ; je désire vous revoir :* remettons cela au revoir.

*Ellipse d'une proposition.* La réponse aux questions qu'on nous adresse se fait souvent d'un seul mot, qui remplace toute une proposition. Ex. :

Partons-nous ? *oui;* c'est-à-dire *nous partons.*

Les voyez-vous venir ? *non;* c'est-à-dire *je ne les vois pas venir.*

D'où vient-il? *je ne sais pas*, sous-entendu *le lieu d'où il vient.*

L'ellipse supprime souvent le verbe qui devrait précéder les propositions subjonctives. Ex. : Qu'il vienne ; qu'il parte ; puissiez-vous être heureux ! fasse le ciel ! etc., sous-entendant *je souhaite, je désire, je veux que.*

Les propositions interrogatives supposent aussi la suppression d'un verbe antérieur. Ces questions : *Comment vous portez-vous ? quelle heure est-il ?* sous-entendent : *Je désire savoir, dites-moi.*

*Condition de l'ellipse.*

Il ne faut employer l'ellipse qu'à la condition que la clarté et l'élégance du discours n'en souffrent point, et que l'expression sous-entendue puisse être aisément remplacée.

L'ellipse est vicieuse quand le verbe supprimé devait être à un temps différent de celui où il est précédemment employé.

On ne dira pas : Vous *pensez* aujourd'hui ce que *nous hier.* Il faut *ce que nous pensions.*

L'ellipse est encore vicieuse si le verbe supprimé devait être sous la forme affirmative, tandis que le verbe exprimé est sous la forme négative, à moins qu'une conjonction n'indique ce changement de forme.

On dira bien : Vous ne devez pas vous hâter, *mais attendre,* à cause de *mais* qui indique un changement de forme.

Mais on ne doit pas dire : L'amour n'est qu'un plaisir, *et l'honneur un devoir.*

Il faut répéter le verbe : L'honneur *est un* devoir.

### § 2.

#### Du pléonasme.

Le *Pléonasme* est la répétition d'un mot ou l'emploi de certaines expressions qui, sans rendre la pensée plus claire, y ajoutent de la force ou de l'élégance.

Ex. : *Je l'ai vu, de mes propres yeux vu, ce qui s'appelle vu.*

Que vous ai-je fait, *moi, moi, votre ami?*

Mais il ne faut jamais employer le pléonasme quand l'expression n'y gagne rien. On ne dira pas :

Il en coûte à ce prince *la tête* et *la vie,* ou *la couronne* et *le trône.*

*Il n'y a que vous seul. Je parlerai et ne me tairai pas.*

Au pléonasme il faut joindre certains mots explétifs tels que : *beau, bien, en, là, que, y, vous, moi,* qui n'ajoutent rien au sens, mais que l'usage a consacrés pour remplacer d'autres expressions et rendre la phrase plus pleine, plus sonore. Ex. :

Vous avez *beau* dire, *beau* faire.

Il ferait *beau* voir !

Il partit un *beau* matin.

*Et* que m'a-t-il fait ?

Il *en* est de cela comme de tant d'autres choses.

Il *vous* le prend, *vous* le renverse, etc.

### § 3.

#### De la syllepse.

Par *la Syllepse* l'esprit unit entre eux des mots de différents genres et de différents nombres, contrairement aux règles grammaticales, mais conformément à la pensée que ces mots expriment. Ex. :

> Entre *le pauvre* et vous, vous prendrez Dieu pour juge,
> Vous souvenant, mon fils, que caché sous ce lin,
> Comme *eux* vous fûtes pauvre et comme eux orphelin.

Le pronom *eux* se rapporte dans la pensée aux *pauvres*, quoique son antécédent *le pauvre* soit au singulier.

Autre exemple : *Les personnes* d'esprit portent en *eux* le germe de tous les bons sentiments.

Ici le pronom *eux* se rapporte dans la pensée *aux hommes*, bien que l'antécédent exprimé soit *les personnes*.

§ 4.

### De l'euphonie.

*L'Euphonie* a pour but d'empêcher la rencontre de deux voyelles et d'éviter les prononciations dures. Pour cela, tantôt elle élide une voyelle, tantôt elle place entre deux voyelles une consonne que les règles ordinaires n'y appellent pas.

Devant les mots qui commencent par une *voyelle* ou un *h* muet l'élision retranche les voyelles *a, e, i, oi* des mots *le, la, je, me, te, moi, toi, ce, de, ne, que, quelque, jusque, si,* et les remplace par l'apostrophe (').

Ex. : *L'homme, l'âme, j'aime, il t'aime, il s'aime, il m'aime.*

*Va t'en,* pour *va toi en;* donne *m'en,* pour donne *moi en.*

*C'est* fait, *ç'a* été un malheur.

*Qu'a-t-il? Est-ce quelqu'un? Viens jusqu'ici, s'il le veut.*

La préposition *entre* subit aussi l'élision de l'*e* final. On dit *entr'acte, s'entr'aider,* etc.

Excepté dans *entre autre, entre elles, entre eux,* où l'*e* muet est conservé.

Les lettres euphoniques sont : *l, s, t.*

*L* se place devant *on : l'on* veut, *l'on* dit.

*S* est employé à la 2⁰ personne de l'impératif des verbes de la 1ʳᵉ conjugaison devant *en, y.* Ex.: *portes-en,* au lieu de *porte-en; manges-en, touches-y,* etc.

Le *s* est quelquefois ajouté à jusque : *Jusques au ciel, jusques à quand*, etc.

Le *-t-*, accompagné de deux traits d'union, se place entre un verbe finissant par une voyelle et les pronoms *il, elle, en, on. Vous aime-t-il, arrive-t-elle, va-t-en, pense-t-on ?*

*On* change aussi, par euphonie, l'e muet en é fermé dans la terminaison de la 1re personne du subjonctif, lorsque cette 1re personne est suivie du pronom *je. Aimé-je, puissé-je !*

# CHAPITRE XL.

## De la ponctuation.

### § 1.

La ponctuation comprend les signes qui servent à distinguer les uns des autres les différents éléments du discours, et à indiquer les *pauses* que l'on doit faire en les prononçant.

Les deux principaux signes de ponctuation sont *la virgule* ( , ) et *le point* ( . ) qui, en s'unissant et se répétant, forment deux autres signes, *le point virgule* (;) et *les deux points* ( : ).

A ces signes il faut ajouter les *points d'interrogation* ( ? ), *d'exclamation* ( ! ) et *de suspension* ( … ), le *trait-d'union* (–), *la parenthèse* ( ) et *les guillemets* (« »).

### § 2.

## De la virgule.

La virgule s'emploie :

1º Entre les différents sujets, attributs, ou objets d'une proposition multiple. Ex. :

*La fortune, les honneurs, la gloire* ne rendent pas heureux.

La charité est *douce, patiente, bienfaisante.*

Il aimait *les lettres, les sciences, les arts.*

2º Avant et après le nom d'une personne ou d'une chose qu'on interpelle :

Ecoutez, *grands de la terre,* les plaintes des malheureux.

3º Avant et après les propositions incidentes.

Ex. : Je ne veux point, *dit-il,* me soumettre à vos lois.

4º Pour distinguer les différentes parties d'une même proposition, ou les propositions subordonnées quand elles ne sont pas longues. Ex. :

Il y a des gens qui louent sans estimer, qui décident sans connaître, et qui s'occupent sans rien faire.

5º Pour distinguer les différentes propositions d'une même phrase, quand elles ont peu d'étendue :

On se menace, on court, l'air gémit, le fer brille.

6º Après certaines inversions dans un membre de phrase un peu longue. Ex. :

Je vous envoie, par mon frère, les livres que vous m'avez demandés.

7º Après un sujet dont le verbe est sous-entendu :

Alexandre *conquit* l'Asie, César, les Gaules (sous-entendu *conquit*).

8º Avant tout membre de phrase dont le verbe est sous-entendu :

Je ne veux pas le perdre, mais le corriger.

9º Enfin la virgule se place entre les différents éléments d'une proposition, quand leur longueur exige une *pause :*

On n'est jamais plus mécontent de ses amis, que lorsqu'on a sujet de l'être de soi-même.

L'emploi des conjonctions *et, ou, ni,* dispense de la virgule.

Ex. : La foi , l'espérance *et* la charité ; l'amour *ou* la haine ; ni l'un *ni* l'autre.

A moins que ces conjonctions ne soient répétées :

*Et* le ciel , *et* la terre , *et* l'homme , *et* l'animal.

Ou qu'elles ne lient les membres d'une phrase trop longue. Ex. :

*Ou* mon amour, *ou* ma haine , choisis.

De tous les animaux qui rampent sur la terre , *ou* qui volent dans les airs.

## § 3.

### Du point-virgule.

Le point-virgule se place entre les différentes propositions qui composent une phrase , et qui sont trop longues pour être divisées par une simple virgule.

Ex. : La louange est un encouragement pour le talent et la vertu ; elle excite le zèle et soutient le courage ; mais il faut savoir la distribuer à propos.

Le point-virgule se place généralement entre deux propositions dont la seconde commence par une des conjonctions *car, mais, parce que, cependant, néanmoins*. Ex. :

Dieu est bon ; mais n'oublions pas qu'il est juste.

## § 4.

### Des deux-points.

Les deux-points s'emploient :

1º Pour séparer une proposition complète d'une autre proposition qui sert à en développer le sens. Ex. :

Il faut, autant qu'on peut, obliger tout le monde :
On a souvent besoin d'un plus petit que soi.

2º Avant une citation. Ex. :

Dieu dit : Que la lumière se fasse.

Ecoutez la voix du devoir qui vous crie : Plutôt la mort que le déshonneur.

3° Avant l'énoncé d'une maxime, d'un principe, d'un proverbe. Ex. :

Le premier principe social est celui-ci : les hommes doivent s'aimer les uns les autres.

4° Avant ou après toute proposition qui renferme une énumération. Ex. :

On exige dans une femme accomplie : que la vertu soit dans son cœur, que la modestie brille sur son front, que la douceur découle de ses lèvres, que le travail occupe ses mains.

> Du lait, du pain, des fruits, de l'herbe, une onde pure :
> C'était de nos aïeux la saine nourriture.

## § 5.

### Du point.

Le point se place après toute proposition, phrase ou période, dont le sens est complet et qui n'est suivie d'aucun développement.

Ex. : La gloire et la fortune ne valent pas un regret. Poursuivons les vrais biens. Le bonheur durable est seul digne de nos efforts.

## § 6.

### Du point d'interrogation.

Le point d'interrogation s'emploie :

1° Après les propositions sous la forme interrogative. Ex. :

Vient-il ? Partons-nous ? Finirez-vous bientôt ?

2° Après les propositions dont le sens est interrogatif, lors même que la forme ne le serait pas.

Tu n'as point d'aile et tu veux voler ? rampe.

Mais le point d'interrogation ne doit pas se placer après les propositions qui n'ont que la forme interrogative, sans en avoir le sens ; ce qui arrive lorsqu'elles dépendent d'une proposition sous la forme directe. Ex. : Il m'a demandé quel était cet homme.

### § 7.

#### Du point d'exclamation.

Le point d'exclamation se place :

1° Après toutes les interjections, *ah ! oh ! hé !*

2° Après toute proposition qui exprime un sentiment soudain d'étonnement, de douleur, de joie, d'admiration, etc., lors même que la forme de la proposition serait interrogative. Ex. :

Malheureuse ! quel nom est sorti de ta bouche !
Quel mal n'a-t-il pas fait !

### § 8.

#### Des points de suspension...

Ces points s'emploient pour remplacer les mots qui manquent à toute phrase inachevée.

La phrase reste inachevée, soit par une réticence volontaire, soit par l'effet de la passion violente. Ex. :

Je les aimais alors, mais depuis..... ah ! s'ils étaient en mon pouvoir.... mais non.... faisons taire la vengeance.

### § 9.

#### Du trait-d'union.

*Le trait d'union* se place :

1° Entre différents mots que l'usage a réunis pour n'en faire qu'un seul, comme : ver-à-soie, chef-d'œuvre, sur-le-champ, Hôtel-Dieu.

2° Entre un verbe et le pronom qui en est le sujet, lorsque le pronom est placé après le verbe. Ex. : vient-il? puissé-je! entendez-vous ?

3° Avant et après la lettre euphonique *t.* Ex. : Puisse-t-il? aime-t-il? arrive-t-il?

## § 10.

### De la parenthèse.

La parenthèse sert à isoler, au milieu d'une phrase, un mot ou une proposition qui n'y figurent que d'une manière incidente. Ex. :

Scipion (le premier) s'exila de Rome.
Un songe ( me devrais-je inquiéter d'un songe )
Entretient dans mon cœur un chagrin qui le ronge.

L'usage de ce signe n'est plus aussi fréquent qu'autrefois.

Aujourd'hui la parenthèse est souvent remplacée par deux virgules. Ex. :

Ils étaient trois, c'était bien peu, pour résister à tant d'ennemis.

## § 11.

### Des guillemets.

Les guillemets, dont l'art typographique a varié la forme, servent à marquer les emprunts qu'on fait textuellement aux discours, aux écrits des autres, ou les paroles qu'on leur prête.

Ils se placent au commencement et à la fin de chaque citation; quelquefois même au commencement de chaque ligne. Ex. :

L'homme a dit : « Je suis tout, et j'ai tout défini :
» Est-il quelques secrets, cachés au fond des cieux
» Que n'ait pu pénétrer mon regard curieux ? »
Moins fier de sa raison, il eût mieux dit peut-être :
« J'ai su tout expliquer, ne pouvant tout connaître. »

Au lieu des guillemets souvent on se contente des *deux points,* surtout quand la citation n'est pas longue. Ex. : Dieu dit : Que la lumière soit faite.

### § 12.

#### Alinéa.

*L'alinéa* est un signe de repos plus long encore que le point.

On met à la ligne chaque partie du discours qui peut se détacher des autres par la différence des idées qu'elle exprime et des sujets qu'elle traite.

La règle de l'alinéa n'a rien d'absolu : on peut mettre à la ligne toute période qui suit un autre période achevée, comme on peut joindre sans alinéa plusieurs périodes complètes.

L'alinéa fixe particulièrement l'attention sur une phrase. Aussi met-on plus souvent à la ligne quand on écrit dans le genre sententieux, quand on pose des principes ou qu'on donne des règles, des conseils.

### § 13.

#### Des lettres majuscules, A, B, C, D, etc.

*Les lettres majuscules* ou capitales se placent :

1° Au commencement de tout discours et de tout alinéa.

2° Au commencement de chaque phrase dont la précédente est terminée par un point simple, par un point d'interrogation ou d'admiration. Ex. : Dieu est. Qui peut le nier? Adorons sa majesté sainte.

3° Au commencement de tout nom propre d'homme, de peuple, d'animal, de pays, de ville, de rivière, de montagne, ou de tout autre objet réel, unique dans son espèce, comme dans les noms suivants : *César, les Romains, Bucéphale, la Grèce, Rome, les Alpes, la Seine, le Soleil, la Lune.*

4° Au commencement de tous les noms des sociétés particulières, des titres appliqués à un seul individu, à un seul ouvrage : Ex. : l'Eglise, le Mahométisme, l'Académie, le Roi, sa Majesté, etc.

---

# CHAPITRE XLI.

### De l'orthographe.

### § 1.

L'orthographe est l'art de bien écrire une langue.

Bien écrire, c'est écrire chaque mot avec toutes les lettres, tous les caractères, tous les accents qu'il doit avoir selon la fonction qu'il remplit dans le discours et les modifications qu'il doit y recevoir.

C'est le mettre à la place qu'il doit occuper dans la proposition.

C'est unir les différentes propositions comme elles doivent l'être pour composer une période.

C'est distinguer tous les éléments du discours par la ponctuation qui leur convient.

C'est, en un mot, observer toutes les règles de la Grammaire analytique et synthétique ; d'abord les règles de la grammaire générale qui dominent toutes les autres, puis celles de la grammaire particulière de la langue dans laquelle on écrit ; enfin celles que l'usage a fait recevoir.

### § 2.

L'orthographe s'apprend par l'étude des règles grammaticales, par la lecture attentive des bons écrivains, et par la conversation avec les personnes qui parlent correctement leur langue.

Le proverbe dit que : *c'est en travaillant qu'on devient ouvrier*.

C'est en parlant et en écrivant, qu'on apprend à bien

parler et à bien écrire ; ici, comme partout, le meilleur maître est *l'usage.*

L'usage apprendra ce que les règles les plus minutieuses ne peuvent faire ; les différentes manières d'écrire, de prononcer, et d'entendre les mots selon les diverses circonstances où ils peuvent être employés.

# CHAPITRE XLII.

### Liste des principales locutions vicieuses rectifiées.

## § 1.

| **Locutions vicieuses.** | **Rectifications.** |
|---|---|
| *C'est à tort que l'on dit* | *On doit dire* |
| Une cigare. | Un cigare. |
| De la bonne amadou. | Du bon amadou. |
| Un après-midi. | Une après midi. |
| Un dinde. | Une dinde. |
| Du réglisse. | De la réglisse. |
| Sur les midi, vers les minuit. | Sur le midi, vers le minuit. |
| Perclue. | Percluse. |
| Invectiver quelqu'un. | Invectiver contre quelqu'un. |
| Deux heures et quart. | Deux heures et un quart. |
| Se disputer. | Disputer. |
| En agir bien ; en agir mal. | Agir bien ; agir mal. |
| Un sourd et muet. | Un sourd-muet. |
| Ainsi donc vous convenez. | Ainsi. |
| Une heure de temps. | Une heure. |
| Un petit peu. | Un peu. |
| La maison à mon père. | La maison de mon père. |
| Après la porte. | La clef est à la porte. |
| Sur la tête. | Les cheveux me dressent à la tête. |
| A bonne heure. | Il s'est levé de bonne heure. |
| En face le château. | En face du château. |
| Remplir un but. | Atteindre un but. |
| Tout de même. | Aussi, également. |
| Comme de juste. | Comme il est juste. |
| Faire son, ses embarras. | Faire l'important. |

| *C'est à tort qu'on se sert des mots suivants :* | *On doit dire :* |
| --- | --- |
| L'idée lui a pris de. | L'idée lui est venue de. |
| Le combien du mois. | Le quantième du mois. |
| Il n'a, il n'y a qu'à pleuvoir. | S'il arrive qu'il pleuve. |
| A défaut de, faute de. | Au défaut de, à la place de. |
| Avoir à faire. | Avoir affaire. |
| Mal parler. | Parler mal, incorrectement. |
| A brasse corps. | A-bras-le-corps. |
| Bailler aux corneilles. | Bayer aux corneilles. |
| Dernier adieu. | Denier à Dieu. |
| Je vous demande excuses. | Je vous fais mes excuses. |
| Faire la volte. | Faire la vole. |
| Cet homme est farce. | Cet homme est farceur. |
| Pied fourchu. | Pied fourché ou fendu. |
| Noir comme du geai. | Noir comme du jais. |
| Rue passagère. | Rue passante, rue fréquentée. |
| Il a recouvert la santé. | Il a recouvré la santé. |
| Sans dessus dessous. | Sens dessus dessous. |
| J'en deviens. | J'en viens. |
| Voix de Centaure. | Voix de Stentor. |

## § 2.

| | |
| --- | --- |
| Décalquer, appliquer un calque. | Calquer, contre-tirer un dessin. |
| Croasser ( pour coasser ). | Croasser se dit des corbeaux, Coasser (des grenouilles ). |
| Moussu, pour mousseux. | Mousseux, veut dire moussu, couvert de mousse. |
| Airé. | Aéré. |
| Aréolithe. | Aérolithe. |
| Cacaphonie. | Cacophonie. |
| Corporence. | Corpulence. |
| Embauchoirs. | Embouchoirs de bottes. |
| Esclande. | Esclandre. |
| Flanquette. | Franquette (à la bonne ). |
| Pantomine. | Pantomime. |
| Poumonique. | Pulmonique. |
| Rébarbaratif. | Rébarbatif. |
| Soupoudrer. | Saupoudrer. |
| Trémontane. | Tramontane ( perdre la ). |
| Embrouillamini. | Brouillamini. |
| Il brouillasse. | Il bruine. |
| Décesser. | Cesser. |

| *C'est à tort qu'on se sert des mots suivants.* | *On doit dire :* |
|---|---|
| Décommander. | Contremander. |
| Confusionner. | Couvrir de confusion. |
| Désagrafer. | Dégrafer. |
| Eduquer ; éduqué. | Elever ; élevé. |
| Emouler. | Emoudre un couteau. |
| Réprimandable. | Répréhensible. |
| Transvider. | Transvaser. |
| Cicatrisé ( fermé ). | Cicatricé. |
| Conséquent. | Considérable, important. |
| Coude-pied. | Cou-de-pieds. |
| Couvé ( œuf éclos ). | Couvi ( œuf gâté ). |
| Casuel. | Fragile, cassant. |
| Fortuné. | Riche, opulent. |
| Angoises. | Angoisses. |
| Apparution. | Apparition. |
| Cambuis. | Cambouis. |
| Colidor. | Corridor. |
| Culier. | Cuiller. |
| Darte. | Dartre. |
| Eléxir. | Elixir. |
| Enverjure. | Envergure. |
| Franchipane. | Frangipane. |
| Gigier. | Gésier. |
| Linceuil. | Linceul. |
| Plurésie. | Pleurésie. |
| Rebifade. | Rebuffade. |
| Revange. | Revanche. |
| Semouille. | Semoule. |
| Vagistas. | Vasistas. |
| | Vermicelle se prononce vermi-chelle. |

FIN.

# TABLE DES MATIÈRES.

FIN DE LA TABLE.